脱成長[ダウンシフト]のとき

Le temps de la décroissance

人間らしい時間をとりもどすために

Réhabiliter le temps

セルジュ・ラトゥーシュ
Serge Latouche

ディディエ・アルパジェス
Didier Harpagès

佐藤直樹　佐藤 薫 訳
Naoki Sato　Kaoru Sato

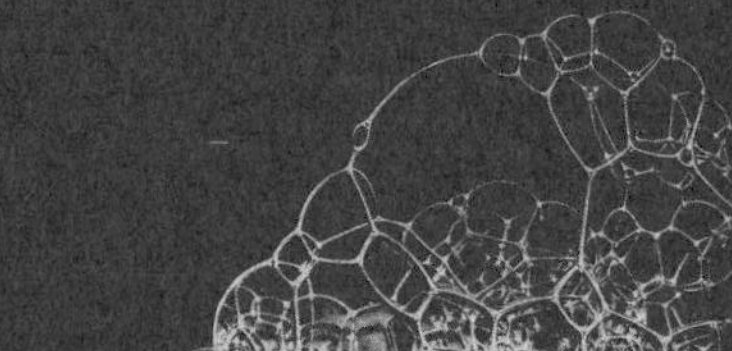

未來社

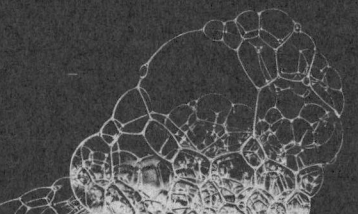

訳者まえがき

本書は、セルジュ・ラトゥーシュとディディエ・アルパジェスによる『脱成長のとき』Le temps de la décroissance という原題の小冊子の翻訳です。

脱成長という言葉からは、経済学を扱った本のように思えますが、実際には、時間という概念が中心テーマとなっています。最近、ダウンシフトという言葉が使われ始めていて、競争社会のなかで、少しペースダウンをして、自分らしい生活を大切にするということが実践されていると聞きます。本書の内容は、これに最も近いと思います。ときどき、「脱成長」を「ダウンシフト」と読み替えながら、本書を読んでいただくと、意味がよくわかるのではないかと思います。読者諸氏におかれても、あまり先入観をもたずに、思想的転換というモチーフを中心として、本書から有益な示唆を得ていただきたいと思います。

なお、ラトゥーシュ教授の本は何冊かすでに翻訳されていますが、大部であるうえに話題が多岐にわたっており、かなり難解です。その点、本書は、もともと若者に向けて書かれているため、論旨もすっきりしており、主張が明確になっていて、比較的読みやすいものとなっています。それでもさまざまな基礎知識を要求する高度な著作です。代表的なキーワードについては、巻末に語句解説がありますので、読書の参考になるものと思います。また、簡潔な文脈を補うため、原文には含まれていない文章を、訳者が適宜挿入していますが、文章の意味を変えるようなことはないはずですので、念のため記しておきます。

本書の特徴として、重要な概念を太文字で示すようになっています。訳では囲み文字として表現しました。どれも本文にもある言葉ですが、著者が重要と考えて、別表記しているものです。

―目次―

凡例

・☆は原注を、★は訳注を示します。

・〔　〕は訳者による補足です。

・□は語句解説の項目を表示しています。初出時のみつけています。

・原文のイタリックによる強調は、傍点で表しました。

脱成長（ダウンシフト）のとき

——人間らしい時間をとりもどすために——

装幀——柴田淳デザイン室

序　章　いまこそそのとき

一九六〇年代、エッセイストのピエール・ダック Pierre Dac は

もはや遅すぎるのかどうか、それを判断するにはまだ早いと思います。

と述べていました。しかし、残念ながら、これは現在では当てはまりません。二〇〇七年に、IPCC[★1]第四次報告が発表されました。さらに、二〇〇九年三月には、コペンハーゲン気候学者会議でも新しく議論がなされ、私たちは、すでに遅すぎるということを知ったのです。温室効果ガスといった地球環境の問題、公害などのさまざまな環境汚染、あるいは、外来性生物の侵入による土着生物の捕食など、生命圏のもつ再生能力の限界を超えるようなことがらが数多くあります。これらすべてをなくすには、結局、私たちがいま暮らしている土地の範囲内で再生可能な生態系を営むようにすることが必要です。私たちが暮らすために実際に利用している土地の広さのことを、生態学では、エコロジカル・フットプリントと呼びます。このエコロジカル・フットプリントを、ただちに、生態系が耐えられるところまで削減できたとしても、今世紀末までには気温が二度上昇するといわれています。

そうすると、海岸地帯は水没するかもしれません。数千万人規模、あるいはひょっとしたら数億人規模の環境難民[☆1]が発生するでしょう。食糧問題も深刻になり、飲料水の汚染といった問題[☆2]など、多くの問題が起きる懸念があります。一言でいうならば、

「深呼吸する」という表現が、私たちの子孫の代には、死語となるかもしれない。☆(3)

という心配もあるのです。二〇〇九年一二月には、コペンハーゲンで、国連の気候問題サミット（ＣＯＰ15）が行われました。そのとき、地球温暖化防止のために、多くの国の間で合意を得る必要がありました。しかし、毎度のことながら、サミットでは、いろいろな意見の対立ばかりが目立ちました。しかも各国政府の対応は行き当たりばったりで、短期的な目先の問題にばかり関心が集まりました。要するに、成長というイデオロギーにとらわれたままだったのです。会議の冒頭では厳しい発言もなされ、逆に世間受けをねらった声明も出されました。こうした行動の結果、会議の本来の目標とは矛盾するような計画が堂々と実現するのをみすみす許すこととなりました。そして得られた合意は、ほとんど制約とならないものでしかないという、

★（1）気候変動に関する政府間パネルを指す：フランス語原語ではＧＩＥＣ。

☆（1）ＩＰＣＣの最新の報告によれば、環境難民の数は、二〇三〇年には五〇〇〇万人、二〇五〇年には二億人、そして二一世紀末には二〇億人に達するといわれています。

☆（2）ユネスコの推定では、二〇五〇年には、飲料水の欠乏に苦しむ人々の数が、最低でも二〇億人、最大で七〇億人になるといわれています。

☆（3）MARTIN (Hervé-René), *Éloge de la simplicité volontaire*, Flammarion, 2007, p. 46.（『自主的な簡素生活のすすめ』）

きわめて不満足な結果に終わりました。たとえば、驚いたことに、フランス政府指導者たちは、フランス高速道路網を整備することによって自動車産業を推進するなどということを強くサポートしたのです。これでは、環境をよくすることなどできるとは思えません。そんなわけで、最悪のケースが避けられないという状況は続いているのです。二〇一一年一二月にダーバン（南アフリカ共和国）で行われた会議（ＣＯＰ17）でも、これまでに署名された合意が全然効果を発揮していないという批判が噴出しました。政治家たちは、必要な決定を下す勇気がなく、なによりも、自分の人気がなくなるのを恐れていました。★(2)

かつて一九七四年、エコロジー党から大統領選挙に出馬した農学者のルネ・デュモン René Dumont は、次のような警告を発していました。

もしも私たちが、人口や工業生産の現在の成長率を維持しつづけるならば、二一世紀の終わりまでには、私たちの文明は全面的に崩壊するほかないでしょう。☆(4)

哲学者のアンドレ・ゴルツ André Gorz も同じ立場で、一九七七年には、次のように強い調子で述べていました。

私たちは、いまの生活様式を続けていたのでは未来がないことを知っています。そして私たちの世界がこんなふうに終わりを告げるだろうということまでわかっているのです。海や河からは生物がいなくなるでしょう。陸地も自然の生産力を失うでしょう。都会の大気は呼吸に適さないものになるでしょう。そして、もしも生き残る人がいたとしたら、それは、次の時代の新しい人類のためのサンプルとして選抜された特別な人たちということになるでしょう[☆5]。

現在、破滅は目の前まで迫っています。私たちは、過去に五回起きたという生物の大量絶滅[☆6]の第六回目を経験しつつあるのです。前回最後に起きた第五回目の絶滅は、六五〇〇万年前の白亜紀に起きました。そのときには、おそらく巨大隕石の衝突によって、恐竜やその他の大型動物が絶滅しました。しかし、今度の第六回目の絶滅があるとすれば、それは、前回のものとは次の三つの点で異なっています。まず、動植物の種《しゅ》が、大変な速さで絶滅していて、それは、一日あたり五〇から二〇〇というペースなのです[☆7]。この速度は、地質学の研究からわかってい

★（2）この二つの文章は、二〇一二年の新版で追加されたものです。

☆（4）DUMONT (René), *À vous de choisir. L'écologie ou la mort*, Pauvert, 1974.（『選ぶのはあなた。エコロジーか死か』）

☆（5）GORZ (André), *Écologie et liberté*, Galilée, 1977, p. 13.（『エコロジーと自由』）

☆（6）LEAKEY (Richard), LEVIN (Roger), *La Sixième Extinction: évolution et catastrophes*, Flammarion, Paris, 1997.（『第六の生物大量絶滅：進化と破局』）

る過去の種の絶滅と比べると、一〇〇〇倍から三〇〇〇〇倍にものぼる速さなのです。[☆(8)] 動物の世界についていうと、工業化以前には、種の絶滅速度がだいたい四年に一種程度だったのに対し、いまや、一年あたり約一〇〇〇種が絶滅するという驚くべき速度に達しているのです。[☆(9)]

想定される第六回目の大量絶滅の第二の特徴は、今日起きているこの生物種の「減少」déplétion の直接の責任が、人類にあるということです。そして、第三の特徴は、主な犠牲者となるのも人類である可能性が高いということなのです。それに、人類の滅亡は想定されたよりも早く訪れるかもしれないのです。その意見によれば、殺虫剤やその他の有機汚染物質には、発がん性や変異原性〔薬品がもつ突然変異を引き起こす能力〕のほかに、生殖に対する毒性があって、これらの物質が環境を汚染し、環境中に残存することによって、男性不妊が大規模に起きるかもしれないというのです。そしてそれは二〇六〇年ごろにやってくるかもしれないのだそうです。[☆(10)] そうすれば、新たな子供が生まれなくなるので、おのずと人類は滅亡するというシナリオです。

ポイント

動植物の種が、大変な速さで絶滅しています

第六回目の大量絶滅が起きるとして、その理由は、自然環境を搾取しすぎたことによるもの

です。つまり、環境を汚染したり、生態系をばらばらに分断したり、外来性の捕食生物の侵入を許したことや気候が変化したことによるものです。この現象を加速しているのが、実は、私たちの社会がもつ生産様式なのです。フランスの政治家は農業生産力の高さを自慢しますが、農業では、まずもって生産性のことだけを考えています。ビジネスとして農業をする企業が利益を得る方法としては、単一の作物ばかりを大量に作付けすること、遺伝子操作によって作られた品種を使うこと、企業が開発した優れた作物の権利を保護する生物特許などがあります。FAO（国連食糧農業機構）の報告によれば、こうした生産性を高める農業技術を導入した

☆（7）エドワード・O・ウィルソンの推定によれば、人間のせいで、毎年二七〇〇〇から六三〇〇〇もの生物種が絶滅しているのだそうです。Edward O. WILSON. *The Diversity Of Life*, Belknap Press, Harvard, 1992 (*La Diversité de la vie*, Odile Jacob, Paris, 1993).（『生物の多様性』）

☆（8）RAMADE (François), *Le Grand Massacre. L'avenir des espèces vivantes*, Hachette, Paris, 1999.（『大殺戮。いま生存している種の未来』）

☆（9）RUFFOLO (Giorgio), *Il capitalismo ha i secoli contati*, Gli struzzi Einaudi, 2008, p. 174.（『資本主義に残されたわずかばかりの世紀』）もちろん、マンモスに比べれば、より注目されていない生物種が問題となることが多いわけですが、今日、深刻な危機が迫っているのはミツバチなのです。

☆（10）BELPOMME (Dominique), PASCUITO (Bernard), *Ces maladies créées par l'homme: comment la dégradation de l'environnement met en péril notre santé*, Albin Michel, 2004.（『人間が作り出した病気：環境破壊が私たちの健康をどれだけ害するのか』）

結果として、農業作物の遺伝的多様性の3/4が、この一世紀の間に失われました。さらに一般的な言い方をするならば、これらすべての責任は誰にあることになるのでしょうか。経済学の専門家によれば、たしかに、こうした農業技術の発展によって、数百万人の人々の生活を維持することができるようになったのですが、その一方で、こうした生産のしくみを機械装置にたとえるなら、この機械は地獄へとまっしぐらに進んでいるのです。この機械は、現在、成長しすぎてしまって、寄生的に成長するともいえる状態を生み出しています。

ポイント
それはちょうど、がんの転移によって、爆発的ながんの異常増殖が起きているような状況なのです

持続可能なエコロジカル・フットプリントを超えた成長のことを過成長と呼びます。ヨーロッパにおいては、これは過剰消費を意味しています。これは、すべての人々が「適正」raisonnableだと思える欲求を満たすのにちょうどよいレベルの生産を、地球全体としては、すでに超えたことを意味しています。ある限度を超えると、いくら投資をしても、その投資によって得られる利益の方が足りないという状況になってしまいます。このことを、成長に必要な限界費用 coût marginal〔生産を一単位増やすために必要な追加費用のこと。語句解説参照〕がその投資によって得られる効用を上回っていると表現します。そこで起きていることは、社会全体が崩壊していわば集団的自殺が起きてしまうことがわかっていながら、それを避けられないという逆説的な状況なのです。破滅を防ぐには、私たちの生活リズムをリセットし、私たちの生活様式を変化させることが必要なはずですが、それがどうしてもできないという困った事態なのです。いまの経済の状況は、ちょうど、がんの転移によって、爆発的ながんの異常増殖が起きているようなものです。アンドレ・ゴルツは、さらにこのように述べています。

> これから生まれる私たちの子孫たちが成人するころには、もはや、アルミニウムも石油も使うことができなくなるでしょう。〔中略〕今日話題となっている核エネルギー開発の実現に関していうならば、ウランの鉱脈が、そのころには枯渇しているでしょう。[☆(11)]

一八五〇年頃から西洋では、「熱工業的〔熱機関を使って稼働する工業：語句解説参照〕な生産スタイル」が開発されて、その道をまっしぐらに進みました。その場合、倍々ゲームのように無限に成長することを望んでいました。この夢は少なくとも一七五〇年頃には生まれていて、それはちょうど、資本主義や政治主導の経済が誕生した頃でした。その夢は、その後さらにふくらん

☆（11）GORZ (André)、前掲書、p. 13.

でいきました。当時、これは、いわばユートピアでした。しかし、ずっとあとの一九五〇年代になると、それが完全に実現されてしまったのです。それは、マーケティングという考え方が発明され、それによって消費社会が生まれてからのことです。これによって、社会システムがもつ創造的な力がフルに発揮されるようになったのですが、同時に、破壊的な力もおおいに発揮されるようになってしまいました。そのため、このシステムは、破局の構造とでも呼ぶべきものを作り出してしまったのです。やがて破局がくるという考え方によれば、社会の成長が終わる節目が、二〇五〇年くらいにやってくるだろうというのです。これまで夢だったものは、そのとき悪夢に転ずることになります。イギリス王立天文台の学者であるマーチン・リース卿 Sir Martin Rees によれば、二一世紀末まで人類が生き延びる確率は½しかないのだそうです。☆(12)

「成長にストップを」とは、ローマクラブが一九七二年に出した最初の報告書〔原題は *Limits to Growth*『成長の限界』〕のフランス語のタイトルでした。その結論は、無制限な成長はどんな形であれ不可能だというもので、その理由は、地球が有限の世界だからということなのです。★(3) それから三〇年が経ち、同じ研究者たちによって書かれた新しい報告書には、やはり、まったく同じ警告が述べられているのです。

もちろん、未来学者の言うことには懐疑的な人もいるかもしれません。そもそも私たちの政府や国際的な組織が判断の基礎にしているのは、ゆっくりとしたいまの傾向がいつまでも続くとみなす、要するに月並みな予想なのです。それに比べれば、未来学者の研究は、ずっとまじめでしっかりとしたものなのです。

二〇〇四年のその新しい報告書を書いた学者たちは、社会システムの働きを単純化したモデルを使って表し、それに基づいて、いろいろな変数がどう変化するのかというさまざまな仮説を想定し、それぞれの場合に起きるいくつかのシナリオを徹底的に調べたのです。そのさい、「豊穣の角のような」信念に基づくシナリオは除きました（それは、豊穣の角は、無限に豊かさを与える力があるという神話に基づいているものだからです〔語句解説参照〕）。それ以外には、主に三種類のシナリオが考えられたのですが、それらのどれに基づいた場合でも、ひたすら破綻に向かうことになるのだそうです。一番早く破綻するシナリオの場合、二〇三〇年には資源の再生ができない危機がくるのだそうです。第二のシナリオでは、二〇四〇年に環境汚染の危機がきます。第三のシナリオでは、食糧危機が二〇七〇年にくるのだそうです。

これらのシナリオを採用するわけにはいかないとすると、唯一信頼でき、支持できるシナリオは、脱成長の道を基礎とする節度のあるシナリオなのです。

脱成長 décroissance だなんて、と思うかもしれません。これは、ルーマニアの経済学者ニコラ

☆（12）Sir MARTIN REES, *Notre dernier siècle? (Our Final Century?)*, JC Lattès, 2004.（『最後の世紀の私たち』）

★（3）前記の本の原文一九〇―一九一ページに相当。逐語訳としては、「人々はこの地球の大きさには限りがあることを、否応なしに考慮せざるを得なくなりました。そして自身の存在や地球上での活動にも限りがあるのです」。

ス・ジョルジェスク＝レーゲン Nicholas Georgescu-Roegen の主著☆(13)が一九七九年に翻訳されたときに、初めて使われた言葉です。しかし、このスローガンのもとに政治運動を組織することが呼びかけられたのは、ずっとあとの二〇〇二年になってからのことでした。それ以来、脱成長は、なんのためらいもなく主張されるようになりました。ローマクラブの報告や環境に関するストックホルム会議をきっかけとして一九七〇年代に生まれた成長に反対する運動は、ここにきてようやく「脱成長」という挑発的なスローガンに出会ったのです。

脱成長という言葉は、人々に疑いの気持ちを抱かせ、不安にさせるかもしれません。しかし一方で、今日、次第に支持者の数を増していて、その人々の士気は高く、自分のことを、成長の反対者とか、成長から退いた者とか名乗る勇気までもっています。

こうして、脱成長のときはついに到来したのです。そのためには、自ら選択して節制に努めることになります。つまり、自らの意思で節制を選択した社会 la société de sobriété choisie がやがて出現すれば、よりよく生きるために労働量を減らし、消費の量も減らしながら上手に消費するようになり、廃棄物を少なくし、リサイクルを増やすことを考えるでしょう。これを、一言で言うならば、節度をわきまえる、つまり、持続可能なエコロジカル・フットプリントの感覚をとりもどすということなのです。

ポイント

自らの意思で節制を選択した社会では、よりよく生きるために労働量を減らすことになります

しかしこうしたことが可能になるためには、私たち自身が、自分のもつ習慣や信念やものの考え方から決別することがどうしても必要です。気が狂ったようにものを集め続けるような毎日の暮らしのかわりに、みんなが仲良く一緒に生活を送るような幸福を見つけるためには、私たちのもつ想像力を自由なものにすることを真剣に考える必要があります。つまり現在は、私たちのもつ想像力が完全に社会のとりこになってしまっているのですが、現在の深刻な状況を考えれば、新たな一歩を踏み出す勇気がもてます。

　こうした過去との決別を実現するためには、まずその必要性を理解し、どうしてそういう結論に到達したのかを知ることが必要です。ことに、来たるべき新しい時代が破局的で苦痛に満ちたものとならないようにするためには、脱成長の社会がどんなものなのか、そのあり得る姿を描くことが必要になります。

☆（13） GEORGESCU-ROEGEN (Nicholas), *La Décroissance. Entropie-Écologie-Économie.* Présentation et traduction de Jacques Grinevald et Ivo Rens (1979), Sang de la terre, Paris, 1995.（『脱成長。エントロピー、エコロジー、経済』〔この本は、ジョルジェスク＝レーゲンのいくつかの著作から選んだ章を一冊にまとめて翻訳書としたものです。〕）

第1章　時間の多様性の喪失：方向転換の必然性

ルネサンスの時代、商品経済が一般化すると、生産至上主義にもとづく資本主義への道が開かれ、それが私たちと時間との関係を支配するようになりました。時間というのは、機械的な時計によって人為的に区切りをもうけられるようになり、計算できるようになりました。また、あらかじめ時間の使い方を決めることができるようになり、時間は、経済における中心的な対象となりました。いつでも、決められた時間内に、より多く生産しなければならなくなりました。生活のリズムが加速され、ものの寿命も短くなり、なにをやるにもその所要時間を短縮しなければなりません。本来多様であるはずの現在という時間がそれ自体の豊かな意味を失い、永遠という仮想的な時間の長さのなかに埋没してしまっています。平均寿命でみると、確かに私たちは長く生きるようになったのですが、本当に生きているといえる時間がなくなってしまいました。

第1節　生産至上主義の名のもとに押しつぶされた時間

現代人は、進歩が自然に起きるものだという盲目的な信仰を植えつけられています。革新の時代にあっては、その飛ぶような勢いを止めることなど考えられません。ひとりひとりが、「進歩を止めてはならない」ということを当たり前で確実なことと思っていたのは、大きな権威が裏にあって、それに支えられていたからです。そしてその道に立ちはだかるものは、けしからぬ反動分子という烙印を押されたのです。

ポイント
より長く仕事時間をとるためにより速くひげを剃る、というコンセプトで、より速く剃れるカミソリが作られるのです

より遠く、より高く、より速く。この標語は、オリンピックだけではなく、働く人々がいだく集団的な思い込みです。人々は効率よく働かねばならないので、時計との気違いじみた競争が、日々、繰り広げられています。ルーマニア出身の経済学者であるニコラス・ジョルジェスク＝レーゲンは、以前、こうした狂乱について、「電気カミソリが巻き起こす台風騒ぎ」とからかっていました。この意味は、「より長く仕事時間をとるためにより速くひげを剃る、というコンセプトで、より速く剃れるカミソリが作られ、それが果てしなく続く☆(14)」ということなのです。このような効率化の過程は、決して後戻りできないように見えます。そのもとをたどると、一九世紀末に導入されたテーラー・システムという名前の合理的経営法になります。この

☆(14) GEORGESCU-ROEGEN (Nicolas)、前掲書、p. 107.

経営手法によって、職場に時計が導入されました。するとたちまち、労働者をいためつけることになったのです。

このシステムの創始者はF・W・テーラー F. W. Taylor という人で、労働者の生産性を著しく高める方法を考えつき、その方法を彼自身これはすばらしいといって記載しています。それまでは、人々はマイペースで働いていて、給料は「出来高払いで」支払われてきたのですが、この方法の導入によって、「より多く稼ぐために、より多く働く」という二一世紀ではあたりまえとなった自由主義的スローガンが、すでに掲げられていたのです。これは労働の価値をおとしめる運動でした。それに続いて、フォード主義という経営方法が導入され、さらにこの運動が推進されることになりました。その結果、生産のスピードは、二〇世紀後半には、地獄ともいえるほど激しいものになり、そのかげで、工場の内部では、さまざまな機能不全現象が起き始めました。たとえば、無断欠勤、転職率の増加、不合格となる欠陥品の増加、製品の品質低下などが起き始め、これが、生産性を健全に保つという目標を脅かし始めました。つまり、時間を管理することにより、労働がばらばらに砕かれ、細分化され、生気をなくしてしまったのですが、いまや、こうした単調な労働の鎖を断ち切らなければならなくなったのです。そこで雇用主の側に目を転じると、仕事を拡大し豊かにすることが注目され、テーラー・フォードシステムがもつ右記のような危機に対する対策として、やがてトヨタ方式が提示されました。しかしそれはなんの解決にもならないのです。というのも、トヨタ方式では、労働者は責任をより多く負わされることになるのですが、依然として時間に縛られ、振り子の命令に従わされたままであるからです。

「時間厳守」は、在庫や生産コストを少なくする一方、労働の柔軟化 flexibilisation に道を開き、したがって、雇用の不安定化 précarisation をもたらすものなのです。ヤフーによる世界規模での最適メディア指針（ＯＭＤ）の結論によれば、特にすばやく活動できる若者が得意とする多様な活動力を最大限活用すれば、若い新世代の労働者には、一日に四四時間相当も働かせることが可能になるだろうというのです☆(15)。寿命の延びもまた、西洋の経済発展がもたらした恩恵と考えられています。医学のめざましい進歩によって、世界じゅうどこでも平均寿命が増

☆（15）「文化が幼児化すると、時間自体がのびちぢみできるようになります。というのは、テレビやｉＰｏｄなど、電子おもちゃが出てきたことで、消費者は、いつ消費しているという感覚がなくなり、消費が時間的にずれたようになるのです。そのため、若者たちは、（ホーム・ショッピング・ネットワークなどの）衣類の宣伝をテレビの画面上で、（グーグルなど）ほかのチャンネルのものと価格を比較しながら見ることができますし、さらに（インスタントメールなど）別の機器を用いて、友達にその衣類のことを伝えることもできるのです（これを、口から耳へのマーケティング、または、バズ〔口コミ〕といいます）。このような三つの機能を一つにまとめた多機能性があれば、若者は、消費者として一時間かかる行動を、二〇分間で済ませることができるのです」。BARBER (Benjamin), *Comment le capitalisme nous infantilise*, Fayard, 2007, p. 317.（『資本主義は、こうして私たちを幼児化する』〔もとは英語の本 *Consumed: How markets corrupt children, in fantilize adults, and swallow ctitizen whole*, W. W. Norton & Company, 2007.〕）

加しました。発展途上国ですら、平均寿命は着実に延びています。

一九世紀から二〇世紀にかけて、先進国では、平均寿命が三〇歳から七〇歳まで延びました。それにもかかわらず、これを素直に喜べない人々もいます。その人たちが懸念をいだくのは、これまで寿命を延ばすのに貢献してきた健康や衛生といった啓蒙活動に反対しようということでは決してなく、ただ、医学の進歩を素直に受け入れられないのです。なぜなら、だいぶ前から研究者の関心は市民のためではなく、経済力や政治力を求めることに変わってきており、本来無償 gratuité であるはずの研究が、こうした目的のためにゆがめられてしまっているのです。だから、彼らは危機感を覚えるのです。

たとえば、貧しい人々がかかる九〇％の病気のためには、医学研究費の一〇％しか使われていないのです。[☆(16)]〔フランスにおける〕一九四六年から一九七六年の期間は、一部の著名な経済学者によって栄光の時代と呼ばれています。その間に、成長という名の甘いケーキはたしかに膨みつづけ、その分配の仕方もあまり不公平ではなくなったように見えます。人々の寿命は確かに長くなり、研究者たちはそのことについて褒められてよいかもしれません。

ところがここで、かつてジャック・エリュル Jacques Ellul が示したような人口の問題が生じます。

社会には、面倒を見なければならない老人が、山ほどいます。そこで、おかしな問題が起きます。この多数の老人たちとバランスをとることができる程度に若い人を増やすには、つまり、人口ピラミッドが逆三角形にならないようにするには、もっともっと、子供が必要になります。しかし、それは机上の空論にすぎません。なぜなら、子供の数を二倍や三倍にすることによって、それから二〇年も経つと、労働者人口が二倍や三倍に増えることになります。それによって、老人たちの生活を支えるのに必要なだけの、多くの生産を十分に保証できるようになるのです。しかし、六〇年も経つと、こんどは老人の数が、いまよりも二倍・三倍になってしまいます。こんなやり方でやっていけるでしょうか。よく考えて計算してみると、五〇年で一つの国の人口が一〇倍くらいになる必要があるということになってしまいます。これはとても無理な話で、まったくばかばかしいことです。☆(17)

あたかもケーキの生地を膨らませる酵母のように働く技術的な進歩のおかげで、この社会の経済というケーキは人工的に膨らんできました。しかし、このケーキは、それ以来、恐ろしい毒を含むようになったのです。実際、純粋に生理的な意味で考えると、生活の質は低下しています。身体障害者の数は増えており、健康はますますもろいものとなっています。ふつうなら

☆(16) ROUSTANG (Guy), *Le Dictionnaire de l'autre économie*, Folio Actuel, 2008, p. 146.(『もう1つの経済学の辞書』)
☆(17) ELLUL (Jacques), *Le Bluff technologique*, Hachette, Paris, 1988, p. 63.(『技術的なまやかし』)

野生生物の世界でしか起きないようなある種の大規模な伝染病が、近代化が原因で人間にも起きるようになったといわれています。たとえば、マラリアを媒介するハマダラカは、もともとサルに寄生していましたが、森林が破壊されたために、人間に寄生するようになったのです。エドゥアルト・ゴールドスミス Édouard Goldsmith は次のように述べています。

アマゾンの森林を伐採したために、人類はライシュマニア〔これもマラリアに似た病原体で、恐ろしい伝染病の原因となります〕という病原体と接触することになりましたが、これも、以前はナマケモノやアルマジロしかかからなかったのです。☆(18)

この他にも、警告を発している人々は多数いますが、そのなかでも、たとえばドミニク・ベルポム Dominique Belpomme は、がんの発生――ことに子供のがんの発生――と、大地や水の環境汚染を引き起こす有毒薬品の普及との関係について、精力的に強く語っています。

エリュルはつぎのように結論しています。

このように、私たちは病気で死ぬことがなくなって、生存の機会が増え、寿命が延びたのですが、もはや以前と同じような活発な生命力は失われ、生きながらえるだけの人生を過ごしています。絶えず発生する新たな不具合に対応しつづけなければなりません。☆(19)

私たちの生存を維持するには、以前にも増して、人工装具prothèsesや治療に頼らなければならなくなっています。その一方で、私たちが人生の楽しみを享受する能力はどんどん少なくなっていて、せっかく長生きする意味が薄くなっているのです。

医薬品が、いまやすさまじい勢いで消費されるようになりました。すべての子供と大人の障害にかかる費用、あるいは、定期的な透析を必要とするなどの高額治療費がかかるすべての患者を治療するだけの費用など、全部あわせると、もはや社会保険の予算ではまかないきれなくなっています。厚生政策が、実はとんでもないことになっているというのが、真実なのです。先見の明のある人々は、新しい効果的な治療法の開発に予算のすべてをつぎ込んで推進するよりも前に、そもそもの原因である社会的問題を解決する方法をあらかじめ見つけておくべきであっただろうと考えているのです。環境汚染を放置することによって、結果的にがんが増殖し、それを治療するために大きな財政支出によって大規模な治療センターをつくることになります。そんなことならば、まっさきに環境汚染に対する闘いを選択することが、むしろ理にかなったことではないでしょうか。他方、延び続けていると思ってきた平均寿命も、すでに下降

☆（18）GOLDSMITH (Édouard), *Le Défi du XXe siècle. Une vision écologique du monde*, Éditions du Rocher, Monaco, 1994, p. 262.（『二〇世紀の挑戦。世界のエコロジー的な見方』）

☆（19）ELLUL (Jacques)、前掲書、p. 64.

し始めたとも考えられています。

第2節　強制されたスピード

資本主義の歩みは、決してなめらかなものではなく、もともとそうはならないことを、私たちは知っていました。なぜなら、資本主義という恐ろしいしくみを駆動する主な力は、目の前の利益をいかにして最大化するかということだけを求める執念だからです。

資本主義は進化主義の論理にとらわれており、資本主義社会が消滅しないためには、成長することと、さらにこの成長をなんとか維持することが、運命づけられています。そのため、資本主義社会の歴史はますます加速してゆくのです。

現在、私たちは、標準化された時間というしばり joug のもとで暮らしています。これは産業のためにある時間で、どこで何をする場合でも、私たちに強制されています。この標準化された単一の時間がもつ目的は、共通単一通貨の目的と同じく、私たちのすべてを、地球の端から端までで繰り広げられる競争に駆り立てることだけなのです。この標準化された単一の時間のもとで生き延びるには、私たちは他の人よりも速く走らなければなりま

せん。私たちは、自分らしい時間を奪われてしまっているのです。☆(20)

資本主義という自転車は、進まなくなれば倒れ、破滅が訪れるのみです。

ポイント

資本主義には、成長することと、さらにこの成長をなんとか維持することが運命づけられています

たしかに、成長がすこし遅くなるだけで、私たちの社会は大混乱に陥ります。失業者が生まれ、貧富の格差が拡大し、まっ先に最も貧しい人々がものを買えなくなります。そして最低限の生活水準を保証する厚生・教育・文化・環境などの社会的プログラムが停滞してしまいます。成長というのは、社会的な競争をすることによって、庶民階級の物質的生活条件を向上させることを推進するもののように見えますが、これは「北の国」〔南北問題という観点からみた先進工業国。語句解説参照〕だけのことなのです。実は、疑いもなく、そのかげで、自然や、「南の国」〔発

☆(20) MARTIN (Hervé-René), CAVAZZA (Claire), *Nous réconcilier avec la Terre*, Flammarion, 2009, p. 25.（『私たちを地球と和解させる』）

展途上国）を犠牲にするということが起こっているのです。一方で、成長率が負になることは、「北の国」にとって、恐ろしい脅威なのです。

　ところが、成長はいつまでも続くはずがありません。もしも、いまの私たちのやり方を変えなければ、成長率がマイナスになり、社会的・文化的な後退 régression が私たちを待ち受けています。それなのに、資本主義という巨大装置は暴走したままなのです。アメリカで起きた経済力の弱い人々への過剰貸し出しに端を発した、二〇〇七年から二〇〇八年にかけての金融危機は、世界経済のすみずみにまで影響を及ぼしました。かつて一九三〇年代には、世界不況によって約二〇〇〇万人の労働者が失業したそうですが、今日の経済的・社会的危機も長期化していて、そうした困難な時代を思い起こさせます。

　ある会議において、すでにアンドレ・ゴルツは次のように注意を喚起していました。

> 自動車を減らし、騒音を抑え、新鮮な空気を増やし、労働時間を減らすなど、こうしたことは、成長と生産の後退につながるため、ほかならぬ資本主義社会においては、まったくネガティブな効果しか生じません。つまり、一方で汚染物質を生産しながら得られる豊かさというのは、結局は、特に恵まれた人だけに恩恵をもたらし、大衆には手の届かないものでしょう。その場合、不公平がますますひどくなるでしょう。貧しい人はより貧しくなり、豊かな人はより豊かになるでしょう。[☆21]

こうして資本主義の経済がやむなく停滞するという強いられた脱成長は、のちに述べるような自ら選択した脱成長とは、当然、別物なのです。私たちが主張する自ら選択した脱成長社会が目標とするものは、資本主義の挫折によって引き起こされるマイナス成長とは根本的に異なります。私たちが目標とする脱成長の問題を、健康にたとえて考えてみましょう。過剰消費は肥満の危険をもたらします。自らの健康を増進するために自発的に行う禁欲療法というのがありますが、脱成長はこれに似ています。これに対し、経済破綻によって引き起こされるマイナス成長は、急激なダイエットによって餓死するのに似ています。

ポイント

強いられた脱成長は、選択した脱成長とは別物なのです

☆（21）GORZ (André), «Leur écologie et la nôtre»（「彼らのエコロジーとは違う私たちのエコロジー」）*Le Sauvage* 誌（エコロジーの雑誌）に一九七四年四月に論文の形式で掲載された会見記事で、さらに次の書籍にも引用されました。*Écologie et politique*, Galilée, Paris, 1975.（『エコロジーと政治』）

第3節　製品寿命の人為的操作

一九六八年五月には、学生による民主化運動〔五月革命ともいいます〕が、パリで起きました。その当時に行われた政治的な議論は、しっかりと消費社会の批判をする立場にたっていました。私たちも同じように、民主主義や表現の自由、「束縛のない自由を享受すること」、個人の人格を花開かせること、つまり、私たちひとりひとりのアイデンティティの完全な実現を求めています。ところが奇妙なことに、そのような政治的な自由を手にしたとしても、私たちは、市場や消費による束縛 emprise からは、抜け出すことができないのです。要するに、私たちは、購買という名の束縛の犠牲となることを、自分で納得して受け入れてしまっているのです。

私たちは、次のような悪循環に陥っているのです。私たちがものを買うのは、私たちの生活を成り立たせることによって、社会が生産を継続できるためなのですが、一方で、私たちがものを買うための支払いに必要となる給料を払ってくれる仕事は、社会が提供してくれているのです。

広告がもつ第一の目的は情報をひろめることと思われていますが、この悪循環のスパイラルを無限に回す力を与えるのも広告なのです。そのため、広告というのは、もともとは単なる情報提供をしていたのかもしれませんが、いまや、「いつの間にか買う気にさせるもの」となっています。私たちは、もはや全体主義的な条件づけ〔心理学における、パブロフの条件づけのように、個人の意志とは関係なく行動させられること〕を受けていることになります。なぜなら私たちは、社会が生産した製品を使うことによって、自分の時間の使い方を組み立て、きちんとした計画に仕上げることで、時間を規則的なものにし、生活リズムを作るのです。フランソワ・ブリュンヌ François Brune は、

私たちの日常生活のなかで、いろいろなことをする時間を決めて、儀式のようにするのは、こうした製品なのです。いつでもそうなのです。[☆(22)]

と述べています。マスメディアは広告を貪欲に使うことによって、私たちの生活のリズムを支配しています。私たちの日常の行動は、群衆行動となっています。それは、広告に含まれるイデオロギーによってあらかじめ決められたり、選択されたりしています。しかも、私たちのなかに、社会から押しつけられた規範《コード》に「適合することで感じる幸福」を生み出してしまったのです。

☆(22) BRUNE (François), *Le Bonheur conforme*, Éditions de Beaugies, 2012, p. 156.(『他人に合わせるという幸福』)

ほかの人がすることを見ることで、自分も同じことをしなければならないかのように感じ、人々は、見たとおりのことをするのです。☆(23)

広告のメッセージがあまりにもしつこく繰り返されるということで、消費者にもそれに逆らいたい気持ちを起こし始めることがあるかもしれません。そうしたときには、購買が抑制されないように、あるいは購買をさらに活性化するため、過剰消費というポンプのスイッチを、もういちど起動しなおすことが必要になりました。それには販売する製品の寿命を減らせば大きなメリットがあると考えて、商人たちは躍起になりました。そこで彼らは、自分たちに有利な購買のしくみが変わらないように保つため、私たち自身のことや、私たちが何を望むかにも関心をもったのです。

ポイント

広告に煽動される過剰消費というポンプのスイッチを、もういちど起動しなおすことが必要になりました

彼らは製品が時代遅れになるようにと、巧みに計算して仕組んだのです。つまり、製品の寿命を短くしておくという方法が考えられ、これが広告と手を携えて、いわば共犯者となりました。ハンカチ、カミソリ、ライター、皿、コップなどが使い捨てになったばかりでなく、もともと経済学者によって耐久財に分類されていたはずのものでも、なんでも短期間で使えなくなり、それらを修理するということは考えられなくなりました。短命であることが中心的原理として生産を支配していて、これにより次々に新しい製品が生み出され、それがまた、消費者の熱狂の火に油を注いでいるのです。

最近（二〇〇八年五月）、ニューヨークの消防署で、一八九六年以来点灯していた炭素のフィラメントをもつランプが発見されました。ブッシュ前大統領は、アメリカの技術が優れていることの証明として、このことをおおいに賞賛しました。しかしそれは、本当はおかしいのです。ランプの寿命を二〇〇〇時間と決めているのは実は業界なのです。だから本来なら、消費者や環境を犠牲にして、ランプの寿命を短くしている業界を、大統領は非難することもできたはずなのです。

それにしても、製品寿命の短さは、消費社会の象徴となっています。製品が機能的にはまだ十分に使えるのに、言葉巧みな宣伝広告によって、もう時代遅れだと言われてしまいます。これに対しては、どのように闘っていけばよいのでしょうか。テレビ、パソコン、携帯電話など

☆（23）前掲書、p. 231.

を買い換えるためには、それらが壊れるまで待つ必要はないのです。新型機種が発売されるだけで、いままで使っていたものがたちまち旧式モデルになってしまいます。ことに、まわりの人も買い換えるという場合には、それが、古いものをやめて新しいものを買ってしまうのに十分な理由になります。こうした製品を買い換えるのは、ちょうど、流行という名の強制に従って、おしゃれ好きな人たちが衣装を買い換えるのとよく似ています。あたかも怪物のような社会のしくみを助けているのは、実は、消費者がもつ、人のまねをしたがる心理や、人に見せびらかしたいというライバル意識なのですが、これらが浪費を生み出しているのです。これこそはまさに消費イデオロギーの勝利にほかならず、マインドコントロール colonisation de l'imaginaire に成功したことを意味しています。

第4節　永遠を現在に：持続可能な発展

一九八〇年代、ノルウェーの総理大臣をつとめていたグロ・ハルレム・ブルントラント Gro Harlem Brundtland という人がいました。彼女は環境と開発に関する世界委員会 World Commission on Environment and Development（ＷＣＥＤ）の委員長をつとめていて、一九八七年に、持続可能な発展（sustainable development）という概念を定義する報告書を発表しました。そこで問題となっていた新しい世界のビジョンは、経済をがむしゃらに成長させるのではなく、現在の人々の欲求をちょうど満たす程度まで経済成長を抑えることによって、将来の子孫の世代が、自分たちの欲求を満足させることができなくならないようにするというものでした。持続可能な発展という概念は、たちまち大きな成功を収めました。誰かが持続可能な発展について述べると、たちまちその人は自然保護主義者と見なされました。

しかし、こうした見方は、本当に適切なのでしょうか。当時、生態学的な危機などというものは自然を愛する人々が抱くのんきな幻想でしかないと考える人々もたくさんいましたが、これに対して、ブルントラントに同調して持続可能な発展というスローガンを掲げて地球環境の保護に関わろうと思う人々も数多くいて、即座に警告を発する行動に出ようと準備していたはずです。ところが奇妙なことに、その後このスローガンに大挙して飛びついたのは、むしろ生態学的危機など幻想であると見なす人々の方だったのです。実は、持続可能な発展という「概念」自体が、最初から曖昧なものだったのです。

「持続可能な」という言葉には、自然を持続的に保存するということも含まれているのでしょうか。それとも、持続可能という意味は、経済発展だけにあてはめられるのでしょうか。ところが、経済発展というのは、地球が有限である以上、もともと無限に持続するはずがないのです。私たちは、正反対の意味をもつ二つの言葉を無理に融合させようとしているのです。持続可能な発展は、実は、矛盾を含む言葉なのです。つまりこの言葉は、私たちの批判的精神を完全に麻痺させながら、私たちの注意をひこうとする表現手法でしかないのです。

ポイント

持続可能な発展という「概念」自体が、最初から曖昧なものだったのです

この曖昧性をはっきりと示すよい例は、前フランス大統領（二〇〇七—二〇一二年が任期）ニコラ・サルコジ Nicolas Sarkozy が、二〇〇六年九月に行った演説でした。

持続可能な発展というのは、ゼロ成長ということではなく、持続可能な成長なのです。

と彼は主張しました。実際、そこで問題となっていたことは、生態学的良心をもつ私たち国民に対して、発展という苦い薬を飲ませようということだったのです！

一九四九年一月二〇日、アメリカ大統領ハリー・トルーマン Harry Truman は、一般教書演説のなかで、アメリカの技術的進歩と「低開発国の経済状況の改善と成長をねらいとして」、産業発展を優位に進めることをめざす大胆な経済プログラムを打ち出しました。これは世界全体の幸福をめざすという考え方のようでしたが、いまから見ると、その当時、これを根本的に考えなおさせることはできなかったのでしょうか。当時行われていたことは、共産主義国を除くすべての貧しい国々に対して、規範〔こうあるべきものといういわば世界標準〕となっていた西洋的な発展様式を採用するならば、平和と自由を約束するというものでした。この規範はどんな国に対しても繰り返し適用できるという意味で、一般化できるモデルを含んでいたのです。しかし、ここで言う発展が民族中心主義的なものであることに議論の余地はなく、アメリカ合衆国は、このとき、自らの傲慢さをいっさい隠すことなく、文化的にも経済的にも、新たな帝国主義を確立しようとしたのです。実際、この発展というのが、依然として資本主義の発展を意味していて、マルクスが前世紀にすでに指摘し、批判していた世界の西洋化に向けた一歩をさらに進めるものであることは明らかでした。それから四〇年後の一九八九年、ワシントンでは、なお、発展の名のもとに、合衆国に対して、租税を下げ、取引を自由化し、民営化と財政の規制緩和を促進することを推奨するという合意がなされました。

こうして、この推奨をとりこんだ構造改革プランがつくられて、ＩＭＦと世界銀行の借款供与 prêts accordées と引き換えに、貧しい国に対して適用されてきました。こうして、西洋世界は、もともと先進国のモデルを採用するつもりのなかった国民に、前代未聞の苦痛を押しつけたのでした。

発展というのは、社会的不平等の発展でもあるのです。一九七〇年代末には、アメリカ大統領にロナルド・レーガン Ronald Reagan が、イギリスの首相にマーガレット・サッチャー

Margaret Thatcher が、それぞれ就任し、彼らの掲げる新自由主義というイデオロギーが世界全体を席巻してゆきました。新自由主義の基本は、経済競争を最大限激しくすることでした。発展を可能にするはずの成長という名のもとに、サービスも含め、あらゆる製品に対して競争力をもつことが要求されました。そこで、圧縮できるコストはできるだけ圧縮する、言い換えれば人件費を優先的に圧縮することが望ましいとされました。こうして、GDP（国内総生産）に占める人件費の割合が下げられました。フランス国立統計経済研究所（INSEE）によれば、フランスでは、一九八〇年代はじめには七四％に達していたGDPに占める人件費の比率が、二一世紀はじめには、たかだか六五％程度にまで下がりました。つまり、資本収入が、労働収入よりもより速く発展させられたことになります。フランスの裕福な世帯の場合、投資貯蓄（株や債権）から収入を得ているので、収入は一定のペースで増加しました。それ以来、企業の経営者たちは、彼らの生産手段を成長させるという戦略に執着し、株主との妥協を探りながら、整理解雇 licenciements boursiers〔儲かっているのに解雇すること〕と呼ばれるものに踏み切ることを、もはやためらうことがなくなりました。一方で、労働のフレキシビリティー（柔軟性）が増大するにつれて、雇用の不安定化が規範となりました。給与生活者はこれに適応することを余儀なくされ、厳しい主張を控え、企業の生産至上主義の論理に応じた劣悪な労働条件や労働時間制も受け入れました。すべての「先進」国では、この結果として、社会全体の労働市場の均衡が粛々と達成されました。二〇世紀になっても資本主義は、かつてと同様、本質的に破壊的で、不公正、不満、不平等をもたらすものでした。成長と発展は、これらの拡大を助長しました。

「栄光の三〇年間」(一九四五―一九七五)と呼ばれる時代は、人々が豊かになった時代といわれますが、本当の意味でよりよい生活がひろまったというわけではなく、むしろ、不満の拡大にブレーキをかけていた時期だったのです。ですから、その不満は次第に増大しつづけ、先に述べたように一九七〇年代末になって、社会・経済・文化の危機が宣言されたときには、不満はもはや堪えがたいものになっていました。街の郊外が壊滅状態になり、そこで暮らす人々が抱く不満は、フランス社会全体のなかにも深く根ざしていたのです。競争が、成長する社会における支配的な価値観となってゆきました。そのかげで、競争が支配する社会への適応ができなかったり、適応するすべを知らなかったりする人々も数多くいました。これらの人々は、貧困を強いられ、さらに、こうした貧しい人々に対する排斥や拒否、あるいはこれらの人々を馬鹿にする態度などが生まれることとなりました。その場合、成長は解決すべき課題ではあっても、解決法ではなかったのです。それはあらゆる種類の不均衡(失業、雇用不安定、住居不足)を生みだしましたが、その犠牲となるのは、主に若い世代でした。経済活動による環境の悪化(環境への負荷)が起きると、これに関しても、当然新たな不平等が生ずることになり、最も貧しい人々が、その犠牲となってゆきました。

ポイント

成長は解決すべき課題ではあっても、解決法ではなかったのです

一方、私たちの住む社会は、民主的と自称しています。ところが、そうした社会のなかにあって、巨大な多国籍企業の社長が得る年収は、全産業一律スライド制最低賃金★[4]の五〇〇年分以上にも相当する莫大なものなのです。人々はこれに対して、憤慨以外のどんな考えをもち得るでしょうか。こうした金持ちの社長たちは、自己顕示欲のため、とどまることを知らぬ権力欲に飢えているのです。彼らが贅沢の限りをつくした消費をする結果として、著しい環境汚染を引き起こしているのです。これでは人々の憤慨もなおさらです！

たしかに、発展というものを、人間的で持続可能なものとすることができるという意見もありました。また、一部の人々にとっては、発展するということが、高貴な野心的テーマに思えるかもしれません。しかし、こうしてみると、発展という言葉には、あるイデオロギーが染みついているのだということがわかります。つまり、金持ちのイデオロギー、資本主義のイデオロギーです。このイデオロギーは、誰に対しても、自身の規範、価値観、生活様式を押しつけようとし、いたるところで効率や採算といった経済的合理性を推進しようとする西洋的なイデオロギーなのです。そのため、持続可能であるはずの発展を国連が推奨した時点でも、すでに多くの問題が噴出していました。たとえば、温室効果ガスの大量放出、気候変動、バイオテク

ノロジーによる生物の操作、さまざまな環境汚染、天然資源の乱開発、社会のなかの暴力、社会不安、非正規などの不安定な雇用、社会的不満、社会の不平等などです。こうした問題は、発展途上国〔「南の国」〕でも、先進工業国〔「北の国」〕でも、これまでにないほどに大きな広がりを見せていました。

第5節　仮想的な時間

ここで新しい視点を導入しましょう。それは時間の考え方の変化です。ここまで述べてきたように、現実世界において、さまざまなものが破壊されてきたのですが、その本質は時間の破壊だったということができるのです。これについては、イヴァン・イリッチ Ivan Illich がすでに述べていて、彼にいわせれば、現代における時間の革命が「感覚の喪失」を生み出しているというのです。

彼の考えによると、身のまわりに存在するものが、ただ単に数字で表されるものに変換されてゆくのです。一方ではこの過程は、抽象化という膨大な知的労働の面もあります。しかし同

★（4）フランスで決められている最低賃金制度ＳＭＩＣを指します。年収約二〇〇万円弱に相当します。

時に、人間の疎外や自然の収奪という恐ろしい企ても意味しているのです。この場合、思考が果たす役割は、なんでも数字で表し、計算できるようにすることであり、現実に、誰もがつねにそうしなければならないのです。こうして、この現実の世界にあるどんなものでも、他の物品やお金と交換できる商品という形をとらねばならなくなりました。現代における時間の革命のはじまりは、もとをたどると、中世半ばの西洋における時計の発明にまでさかのぼります。これが成長する社会の誕生でした。★[5]

西暦一〇〇〇年の当時、ローマ法王であったジェルベール・ドリヤック Gerbert d'Aurillac には、魔術を行ったとの嫌疑もかけられたそうですが、彼が時計を製作し、完成させたという伝説があります。この時計という道具は、世界全体に踏み込んでチェックをするものと考えられ、当時の人々はすでに、このいわば悪魔的な性質を予感していたのです。この法王は、フランスのオーベルニュ地方の出身でしたが、彼の知性があまりにも優れていたために、彼に対して当時の人々がもったイメージは、いわば、ゲーテの小説にでてくるファウスト博士の原型ともいうべきものでした。これは、世界全体を人工的なものにすること、つまり神聖ではないものにするということで、それは現代まで続いている深刻な事態の一種の予兆だったということができます。現在でもギリシャ正教では、教会に時計をつけることを拒否しているのですが、これには、りっぱな理由があるといえるでしょう。

ポイント

すべてが数字に還元され、計算できるものになり、現実世界にあるすべてのものが交換可能な商品に変換されなければなりません

時間が機械的に計算されるものになると、時間からその「具体性」がなくなります。昔は時間が、太陽や月の周期であるとか、季節や収穫などと結びつけられていました。その場合、時間というのは、お正月が来て、また去って行くというように、やって来て、また去って行くいろいろな事象のリズムと結びつけられていたために、非常に具体的なものだったのです。機械時計の導入によって、もはや時間が、こうした具体的なものと結びつけられることがなくなってしまいました。昔は、人間がある長さの時間を生きたということの目印が、種まきを何回行ったとか、刈り取り、収穫、果樹の剪定などといった仕事をどれだけ自分の身体で行ったかと

★（5）歴史的に見れば、時計の発明は、もっと古く、古代の日時計や水時計があります。日本でも、天智天皇が水時計を作りました。水を扱う技術は、飛鳥地方にのこる酒船石などをその一部とする巨大な遺跡としても残っています。ここで述べられているのは、機械時計に限った話で、それが労働時間の管理の手段になったという論旨です。同様のことは、すでにジャック・アタリ Jacques Attali が一九八二年の『時間の歴史』*Histoires du Temps*（邦訳は、蔵持不三也訳で、原書房から一九八六年刊行）の中で詳しく述べています。

いうような形で与えられていたわけですが、そうしたことはもはやなくなりました。時間を表す別の目印としては、宗教的な祭りや世俗的な祭りもありました。しかし、人間の生活のリズムがこうした祭祀によって与えられなくなり、いまや、機械じかけという、いわば抽象的なものによって与えられることになったのです。時間というものが一定のペースで流れてゆく均質な尺度になり、それはもはや、個々の人間が体験として生きた時間とは無関係なものになりました。そうなると、個人の人生もまた、だんだんと形のないわけのわからないものになってしまいます。

こうして、一人の人間のあらゆる活動が仕事に同化されてゆき、あらゆるものの価値が金銭に同化されてしまいます。仕事、時間、金銭が、みな金銭というひとつのものに統一され、それに対して商人がお金を支払うことになります。こうして、祝日も使い、日曜日も働き、夜も働き、当然のことながら、子供も女も働くのです。時間の経済学というのは、同時に、時間をビジネス化することでもあります。★(6) 利益を上げるという元来の意味に忠実に、もうけるためにナノ秒レベルまで採算を考えて時間を節約するのです。ところが結局は、文字通り時間がなくなるのです。時間を得したいと思うがあまり、自分の時間を失ってしまうのです。このようにして、生きている時間の密度が薄まってゆきます。これはまさしく、私たちの寿命の延びと比例していて、このことを、ギィ・ドゥボール Guy Debord は、延びた寿命の分だけ時間の密度が薄くなっていると表現しています。言い換えると、やるべきことが無制限にたくさんになることを意味しています。たとえば、いくらいろいろなレジャーにお金を消費しても、そのことで、個人の本来の豊かな生活がとりもどせるわけではなく、状況はなにも変わらないのです。人生は消費そのものになり、つまり時間や労働やお金の消耗以外のなにものでもなくなります。現代人はもはや、時間のなかに生きているわけではなくなり、自由な時間はナンセンス〔無意味なもの〕と化し、むしろなにか耐えがたいものになってしまいました。ベンジャミン・バーバー Benjamin Barber は、次のように述べています。

私たちを時間から解放するという観点から見ると、私たちの気質は幼児化しています。私たちは歴史を無視するようになり、将来私たちが死ぬということに関心をもたなくなるという、実に愚かなことをしています。(中略)私たちが購入する消費財は、私たちに対して、瞬間的には、老化しないという免疫を保証しているともいえます。つまり、消費財に囲まれた生活では、現在というものが歴史のなかに位置づけられずに、非時間的なものになり、私たちは、そのなかに愉快に居座っているばかりなのです。これは言い換えれば、私たちが瞬間的には不死身であるかのように見えることを意味しています。☆(24)

★(6) 原語は économicisation で、新しい言葉のようです。これは、経済的に採算のとれるものにするという意味で使われていると思われます。

この場合、現代性を象徴する物体である自動車が、無視できない役割を果たしています。イヴ・コシェ Yves Cochet は、次のように述べています。

自動車のスピードがどんどん速くなるにつれて、時間の消耗が起き始めます。より速く走れば走るほど、過去と未来のもつ意味の重要性が失われます。出発時間と到着時間という二つの現在だけがあって、自動車の走行に要する時間は、それらの間で失われる時間にすぎないのです。自動車によって実現されるスピードの役割は、出発点と到着点の間の走行時間を消し去るものと見なされています。速く走るということは、それだけ待ち時間を省略できるということで、走行中に持続する時間を身体で感じるという過程が省略されることになります。それと同時に、自動車で走行した空間的な距離は、個人が生きた、身体で感じられる独自の空間としては消滅してしまいます。それは、意味をもたない純粋な空間となります。高速輸送においては、移動しているという感覚体験そのものを失ってしまいます。そこに残るのは、名前のない景色を横切る仮想的で漠然とした移動でしかなく、それは、スクリーン上の映画の映像のようなものなのです。生産至上主義者にとっては、移動がもつ幻想的な拡がりは、瞬間的な空間移動《テレポート》となり、あたかも途中の時間や空間が存在しないかのようになります。（中略）時間と空間が消滅したあとには、身体自身も消滅しようとしているのです[☆25]。

自動車とともに重要なのが、新たなテクノロジー（パソコン、インターネット、携帯電話、電子メール）です。これらなくしては、地球規模での金融市場の構築はできなかったでしょう。こうしたテクノロジーは、時間と空間を破壊しながら、私たちがバーチャル世界のなかに没入することをさらに容易にしています。

ポイント

この世界のデジタル化は、成長する社会をその最高の不条理へと導くのです

二〇〇九年には世界じゅうで、一一億台のコンピュータと三三億台の携帯電話が利用されています。最も速いコンピュータは、一秒間に二八〇兆回もの演算ができるのです。これは、驚異的な数字です。

☆（24）BARBER (Benjamin), *Comment le capitalisme nous infantilise*, Fayard, 2007, p. 150.（『資本主義は、こうして私たちを幼児化する』〔☆（15）前掲書〕）

☆（25）COCHET (Yves), *Antimanuel d'écologie*, Bréal, 2009, p. 246.（『エコロジー反面マニュアル』）

バーチャルな〔仮想的な〕世界が好きな人たちは、私たちが自分で接続できるバーチャル世界★(7)のなかで生きてゆけばよいと望んでいます。そうすると、「世界的規模の通信」télé cosmique が実現した現在において、仮想的でしかないネットワークのなかに、私たちがぶら下がっていることになります。しかしこれでは、現実の人間との接触は失われてしまいます。この世界がデジタル化されてゆくと、その代わりに、成長する社会が生き延びるためのひとつの環境が準備され、その社会をその最高の不条理へと導くのです。世界の商品化は、すべてを貪《むさぼ》り食ってしまいます。仕事、余暇、友情、愛情、性、文化、麻薬、暴力、政治など、あらゆるものが商品化されてしまうのです。パソコン上で一回クリックするだけで、世界の端から端まで、瞬時にやりとりができて、大規模なデータを移動させることもできます。そして結局、すべての人々の運命を決めることもできるのです。

一方で、経済の成長は複利計算で増加してゆくのですが、これはいわばテロ行為ともいうべきもので、その効果は実に劇的です。これにより、成長の論理は、現実との結びつきを完全に失い、人々が現実に生きている物理的世界の限界とは無関係に暴走してしまうのです。少し計算してみればわかります。あらゆる国の指導者たちは、年に二%の成長が最低限必要だと言っています。★(8)この数字はごく控えめな数字のように思えるかもしれません。しかし、このペースの成長が仮に二〇〇〇年間続くと、GDPは16京《けい》倍〔$=1.6 \times 10^{17} = 1.02^{2000}$〕にもなります！　年に七%の成長を、ささやかなものでしかないと大まじめに言う人がたくさんいます。★(9)この場合には、同じ二〇〇〇年間で、さらに一〇〇万倍になります。一世紀の間の計算としても、成長率が二％の場合の二倍になります。いずれにしても、これでは生態系が維持できる許容限度を簡単に超えてしまいます。☆(26)

ポイント
年に二％の成長が二〇〇〇年間続くと、ＧＤＰは16京倍になってしまうのです

いまや、スピード信仰という固定観念を断ち切って、私たち固有の時間をとりもどす、つまり私たちの人生そのものをとりもどすための レコンキスタ（再征服） に出発するほかないのです。

★（7）原文では「エーテル空間」éther sphère と書かれていますが、エーテルは、昔の物理学で想定された空間に満ちている流体で、電磁気を伝える働きがあると考えられたものです。

★（8）これは、二〇一三年以降の日本の政権が掲げる二％の実質経済成長率目標とも一致します。

★（9）日本の高度成長の時代（一九五五～七三）の成長率は、九・三％でした。

☆（26）LEBEAU (André), *L'Engrenage technique, essai sur une menace planétaire*, Gallimard, 2005, pp. 154-155.（『技術をうまくかみ合わせる。地球規模の脅威に関する試論』）

第6節　時間を売るということ

哲学者で社会学者のジャン・ボードリヤール Jean Baudrillard は、いくつかの主著のなかで、西洋世界において象徴的に行われている社会の機能、つまり信用〔ここでは経済学用語の信用で信用貸しを指す〕について画期的な見方を提示しました。彼は、ものを買うということに関して、消費者なら誰もがだまされてしまう現象について、特に言及していました。いわば、魔法の買い物とでも言うべき現象です。彼が言うには、信用 credit というフランス語は、魔法 magie という言葉と脚韻★(10)を踏むことでもわかるように、怪しげなものなので、私たちの時間に対する感覚とその使い方を大混乱させるというのです。信用が出現するまでは、最初にまず貯金がなければ、ものを買うことはできませんでした。ですから、たとえば家を手に入れるといった、本当になくてはならないものを満足させるのに必要な経済力を手に入れられるようになる前に、まず、長く苦しい勤労という時間が流れていったのでした。消費するよりも前に、まず生産する必要があったのです。経済に通貨が導入され、信用のしくみが発展するとともに、論理は逆転し、社会の新たな要請として、すぐに手に入れることが絶対的になりました。彼が言うには、「もはや、ものを買うという喜びを我慢することはできなくなったのです」。

ポイント
信用が、私たちの時間に対する感覚とその使い方を大混乱させるのです

昔は、人々がものに対して自分のリズムを押しつけていたのですが、いまや新しい商品が、人々にそれ自身のリズムを押しつけてきました。ジャン・ボードリヤールは、次のように述べています。

人間は客観的物体に囲まれた安定した環境のなかで、何世代も生きつづけてきたのですが、今日では、代をかさねているのは続々と生み出される新製品で、同じ一人の人間の人生のなかですら、リズムを加速しながら、つぎつぎと代替わりを重ねているのです。☆(27)

そして彼はこうまとめました。

信用のシステムは、人間の自分自身に対する無責任の極みといえます。ものを買う人とお

★(10) 語尾がディー、ジーと、どちらもイー列の音で終わるということ。
☆(27) BAUDRILLARD (Jean), *Le Système des objets*, Denoël, Gonthier «Médiations», 1975, p. 188.（宇波彰訳『物の体系：記号の消費』法政大学出版局、一九八〇年）

金を支払う人とは同じ人なのですが、ものを買うことにより、お金を支払う人が疎外されてしまう〔支払う義務を負った別人格になる〕のです。しかしこのシステムは、ものを手に入れるときとお金を支払うときとの時間的なずれをうまく使って、この疎外という事態を本人に意識させないようにしています。☆(28)

信用はさらに、これまで伝統によって守られてきた他の分野にまで拡がりました。ことに農民や略農家などのなかに入り込むことにより、一種の冷酷な「人為的選択★(11)」を生み出すことになったのです。一部の人たちは、生まれつつあった生産至上主義を受け入れましたが、その人たちも実は犠牲者となりました。彼らのうちで、比較的強力で、ある程度の財産をもっていた人たちは、一見豊かになるように思える道を選択したことによって、結局は負債を大量に増やしました。また、祖先から伝えられた流儀に縛られていた最も弱い人々は、生き残ることができずに消えてゆきました。

商業銀行は、無からお金を生み出すという法外なことを、りっぱな権利として、ずっと昔から実行していました。信用を使うと、銀行に預金ができるのだと、銀行家は誇らしげに語っています。そこで、消費を続ける社会のしくみ、つまり消費社会という機械じかけを回し続けるためには、預金の量が足りないのだと銀行家たちは判断しました。元来は、預金が信用を成り立たせていたはずですが、銀行家たちは、自分たちの利益のために、預金と信用との関係を逆転させたのです。経済活動の変動や価格の動きは、市場に出回っているお金の量に依存していますが、この通貨量が、民主主義的に行われる議論とは関係なく、銀行家たちの私的な選択によって決められたのです。思想家で哲学者であり、政治的なエコロジー運動の先駆者でもあるベルナール・シャルボノー Bernard Charbonneau は、次のように批判しています。

すべては人々のためのはずですが、人々が決めたわけではありませんよ☆(29)！

グローバル化が形となって表れたのが地球規模での貿易の増加ですが、本来なら貿易が通貨の不足の影響を受けることはなかったでしょう。資本主義という機械には、なにがなんでも拡張するのだという強力な駆動力が、新たな道具として付け加わりました。お金をいくらでも融資することにいまやすっかり感覚が麻痺してしまった人々との契約によって、堂々と負債を作る

☆（28）前掲書、p. 192.

★（11）これはダーウィンの進化論における自然選択に対する言葉で、人間の力によって家畜を選択し、改良することを意味していました。それをここでは、人間社会における経済的な選別という意味で使っています。

☆（29）CÉRÉZUELL (Daniel), *Écologie et Liberté. Bernard Charbonneau, précurseur de l'écologie politique*, Parangon, 2006.（『エコロジーと自由。エコロジー運動の先駆者、ベルナール・シャルボノー』）

ことが行われ、負債の拡大によって経済成長が推進されるようになりました。しかし、その資金源は、もはや資本主義経済という巨大な装置から離れることはできなくなっていました。一方ではものを買い続けるという束縛、他方ではまず買ってしまってから借金を返すという「魔法の買い物」という終わりのないスパイラルにはまってしまうと、通貨の偶像化ということが果てしなく起こります。通貨の元来の役割は、ものの交換の仲介役となって、勘定の単位として機能することでしたから、本来は人々の間の商売の関係を円滑にするはずのものでした。今日、社会の不平等の深刻化によって、通貨のもつこの第一の機能が見直しを迫られています。現在の金融システムは、きわめて大胆で実にいい加減な人々に対して、お金でお金を生むことを可能にしています。

　世界には、毎日一、二ドルで生活している地域もあるのに、他の場所では、大量のストックオプション★[12]と金のパラシュート★[13]によって、気前良く富を潤沢につぎこんでできた莫大な財を蓄えている人たちがいます。富の再分配が行われるとすれば、それは、もっぱら投機のバブルのなかだけです。そのバブルは景気の読みのごくわずかな間違いでもはじけて、システムを恐るべき危機に陥れ、世界経済を破局のふちに追いやってしまうのです。★[14]３Ｄ（規制緩和Déréglementation、脱金融機関仲介現象Désintermédiation、障壁排除Décloisonnement）に象徴される極端に自由主義的な規制緩和によって、資本の流動性に対する規制をやめることが助長されています。しかしそれは、金融危機なしに資本主義はあり得ないことを、私たちに改めて認識させる結果となりました。それを形容するならば、不正金融 délinquance financière というウジ虫が、資本主義という甘いりんごに侵入し、それを腐敗するまでひどく侵食したと言えばよいでしょう。繰り返し引き起こされる金融汚職（エンロン Enron、パルマラ Parmalat、最近ではベルナール・マドッフ Bernard Madof など）、企業の買収（LBO（レバレッジド・バイアウト））システム）などからわかることは、企業が純粋な金融の道具になってしまったということです。つまり、企業の存在理由が、企業主をあっという間に豊かにさせるためだけのものになってしまったことを意味しています。

ポイント

不正金融というウジ虫が、資本主義という甘いりんごに侵入してしまいました

★（12）自社株を賃金の代わりとして受け取るしくみのことで、会社としては、現金を手元にもたなくても、支払いが可能になるというメリットがあります。

★（13）英語では golden parachute といい、敵対的買収に対抗する手段として、役員が自己の退職報酬を非常に高額にしておくことを指します。仮に買収された場合、大金をもって脱出できるという意味で、パラシュートという言葉が使われています。

★（14）高利回りを求めて、預金を銀行から証券への直接投資に回すこと。

国際的な金融の巨大な力に直面したとき、「人的資源」（なんと人間さえも、仕事をするだけの道具に変わってしまいました！）は、生産コストというありふれた単純な概念でしかなくなりました。本来の経営者も、蓄えたり株主に分配したりする利益を無慈悲に計算する機械と化し、つまり、ならず者のホワイトカラーと化してしまいました。私たちはそこで、通貨に関するケインズ Keynes★(15) の話を思い出します。

人生における快楽や現実を手に入れるための手段としてお金に対する愛をもつ人々がいますが、こうした傾向は、病的な状態というよりも嫌悪感さえもいだく状態です。それは、半分犯罪的で半分病的なもので、人々は恐れおののきながら、その処置を精神病の専門家に任せています。☆(30)

ケインズは、フロイト Freud★(16) を読んだことがあるとても珍しい経済学者の一人です。人間の無意識のなかで、お金への執着が死を呼び込む要素をもっていることを、彼はきわめてよく理解していました。

一九六七年、トーリー・キャニオン Torrey Canyon というタンカーがコルヌアイユ Cornouaille 地方の近くで座礁しました。何百万トンものねばねばした石油が、その町の海岸やブルターニュ地方の海岸まで汚染しました。この海洋汚染はとても衝撃的で、環境保護に対する挑戦として、新たな環境保護の意識を呼び起こしました。そのため、一九七四年のラルザック Larzac 高原での軍の基地の拡張問題や、一九七六年のセーヴェゾ Seveso〔イタリアのミラノ郊外の工業都市〕でのダイオキシン汚染の問題が持ち上がったときには、これらと激しく対立しました。

フランス政府は、エネルギー危機に対する対策として、核エネルギーを提示しました。フランス人には石油はありませんでしたが、恐るべきアイディアはあったのです。「発電所」centrale という言葉が、徐々に原子力という言葉と結びつけられ、原子力は人々をおののかせ、不安にさせせました。しかし、技術官僚《テクノクラート》たちは、民主主義的な協議をすることなく、その決定をごり押ししたのです。

そこで、反体制派のエコロジー党が政治の舞台に現れました。環境保護《エコロジー》と経済《エコノミー》は、語源的には近いのですが、激しく対立しあいました。一九六八年の五月革命は失敗しましたが、資本主義は、おそらく見た目ほどには頑丈ではありませんでした。社会学者の詳細にわたる分析に

★（15）マクロ経済学を確立したイギリスの著名な経済学者。

☆（30）KEYNES (John Maynard), *Essais sur la monnais et l'économie*, Payot, 1990.（『貨幣と経済についての試論』この本は、ケインズのさまざまな著作を集めて翻訳し、一冊としたもの）左記の書籍で引用されている。VIVERET (Patrick), *Pourquoi ça ne va pas plus mal*, Fayard, p. 148（『なぜ、これ以上悪くならないのか』）; DOSTALER (Gilles), MARIS (Bernard), *Capitalisme et pulsion de mort*, Albin Michel, 2008, p. 59.（『資本主義と死への衝動』）

★（16）精神分析を創始したオーストリアの精神科学者。無意識が人間の心理を深層で支配していると主張しました。

よれば、この新たな反対運動は、生産至上主義に反対するという面も含んでいました。しかし、資本家と労働者という対立ではなく、その点では、言うなればそのいとこにあたるフェミニスムと似ていました。社会学者たちの情熱的な表現によれば、これらは「新たな社会運動」でした。つまりその文化的モデルは、古い世界に背中を向け、いままでのものに取って替わるという、創造的なものでした。

ポイント

社会や環境に関わる危機は、ブーメランのように、二〇世紀の終わりになって、私たちのところに再び戻ってきました

しかし、一九七〇年代のまさに真ん中で、右肩上がりの経済発展に、オイル・ショック★(17)という断絶が生じました。経済危機が再来し、失業率の曲線が激しく上昇したのです。発展という夢は、現実主義や実用主義にその座を明け渡さなければなりませんでした。一九七一年八月にドルの金本位制が最終的に破綻したのちにも、統計的には成長が続くという幻想を資本主義システムがもちつづけられたのは、ますますバーチャルになってゆく金融世界に積極的に逃げ込んでいったためなのです。この時代を通じて、新自由主義のイデオロギーは、容赦なくその影響力を行使しつづけていました。彼らの考えるのは、より小さな政府、より多くの競争、より少ない規制、より多くの自由、より少ない保護と保護貿易主義、より多くの貿易などです。より世界的にすること、言い換えれば、グ、ロ、ー、バ、ル、化は大成功し、すぐにその本当の姿を現しました。人間と自然の徹底的な搾取、財政政策による経済運営、規制緩和、海外への拠点の移設、社会的結びつきの排除や破壊、文化の画一化、世界の西洋化、気候と土地の破壊、森林破壊、砂漠化、などなど。社会や環境に関わる危機は、ブーメランのように、二〇世紀の終わりになって、私たちのところに再び戻ってきました。猶予時間が過ぎ、人類の前に壁が立ちはだかったのです。

経済という機械装置は暴走し、私たちはあっという間にとても遠くまで来てしまいました。成長する経済という大河は、その流れからそれて、氾濫し、その通り道にあるあらゆるものを運び去ってしまう危険があります。私たちが生き延びるには、水がひくことが欠かせません。スピードを落とし、時間と私たちとの関係を修正し、リズムを変えることが必要です。脱成長のとき★(18)が訪れたのです！

★(17) 産油国が協調して原油生産の抑制を行うことで、原油価格の高騰をまねいた事件。当時、日本では、スーパーからトイレットペーパーなどの日用雑貨が売り切れてしまうという大きな混乱が起きました。

★(18) この言葉は、heure つまり時の鐘です。革命の火ぶたが切って落とされたという感じを表しています。

第2章　本来の時間をとりもどす

地上に生きる人間には、きわめて精神的で道徳的な運命が課されています。この運命は、人間に対して、質素な生活を課しています。人間がもつ消費能力は限りなく、欲望にはきりがなく、理想もまた高邁なものですが、それに比べて、実は、「人」humanitéを支える物質的資源はきわめて限られています。人は貧しいもので、また貧しくあるべきなのです。なぜなら、貧しさを失うと、幻覚や心の誘惑によって、人は再び獣へと堕落してしまうからです。そして魂や身体が堕落したときには、まさに享楽によって、美徳と才能という人間固有の宝が失われてしまうからなのです。これが、地上に存在する私たちに課せられた法則なのです。そしてそれは、政治・経済学や統計学あるいは歴史学や道徳のすべてによって同時に証明されています。物質的豊かさや、それがもたらす喜びを最高の善として追求する諸国の人々は、衰えてゆくでしょう。

私たち人類がもつ、種族としての進歩と完成のすべては、正義と哲学のなかにあるのです。（中略）もし私たちが、福音書にしたがって、貧しいけれども豊かな心で暮らしていたとしたら、このうえなく完璧な秩序が地上に君臨していたでしょう。

ピエール・ジョゼフ・プルードン☆(31)

崩壊のときが近づいてきて、目前の危険となっているいま、脱成長のときが訪れたのです！社会全体として自ら節制することを選択すれば、そのなかから新しい社会が生まれることでしょう。そしてそこでは、人間と時間との関係が現在とは異なったものになるでしょう。少なくともルネサンス時代から西洋を支配してきた、まっすぐに流れる直線的な時間という単一の時間概念にだけ束縛されつづけるのはもうやめましょう。時間との「健全な」関係を回復しましょう。それは、ごく簡単に言えば、この世界での暮らし方を学びなおすことになります。つまりそれが、仕事中毒から解放されて、ゆったりとしたペースを再び見出すことなのです。言い換えれば、それは、地元や近所、隣人と結びついた生活の味わいを再発見することなのです。これらすべてにおいて問題となるのは、失われた神話的過去へ戻ってしまうというような極端な懐古主義ではなく、新たな伝統を作り出すことなのです。産業社会の発展によって引き起こされた不均衡と混乱への反動として、それを修正しようとしたり、それに取って替わったりするような、いろいろな計画が信じられないほどたくさん生み出されました。それらは、ユートピア社会主義（フーリエ Fourier、カベ Cabet、モリス Morris など）の表明として列挙されてい

☆（31）PROUDHON (Pierre Joseph), *La Guerre et la Paix*, 1861 tome II, pp. 145-148 cité par FOURNIÈRE (Eugène) 1904; repris dans la revue du MAUSS, n°. 31、二〇〇八年上半期号、p. 88.（『戦争と平和』第二巻からの一九〇四年の引用が、二〇〇八年刊行の雑誌『モース』に再録されたもの）

ますが、これを復権 réhabiliter させてみるとよいのではないでしょうか。[★19]

第1節　時空間の再構築

エコロジー的な町のイメージは、自転車に乗る人や歩く人が住んでいて、再生可能 renouvelable エネルギー[★20]を使うような都会風の村で、現在の巨大都市に代わるものとして思い浮かべればよいでしょう。これに対して、生産至上主義に支配された町は、自動車を活用することが合理的であるかのような形で考えられ、構成されています（ル・コルビュジエ Le Corbusier の輝かしいシテ Cité を思い浮かべれば良いでしょう）。そこでは、空間が分割されて、一方には工業地帯、他方には活気のない住宅街があるのですが、こうした街は、おそらく過去のものとなっています。[☆32] 現在の標準的な街の場合、高速道路が駐車場から駐車場までを結び、その網の目の中にスーパーマーケットもあります。そのため、私たち現代人は、点から点へと移動するだけで、二つのスーパーマーケットに立ち寄る間も、車に搭載されたテレビの前に釘付けになり、景色など見ていません。私たちは、私たちが本来もっていたはずの、いろいろな事物との心の底からの接触を失ってしまいました。昔の街にあった植物や動物などの生き物は、機械や電子機器、デジタル機器やロボット工学製品によって、大幅に置き換えられてしまいました。私たちが本来の意味で、この世界に住めるようになるすべをもう一度身につけるためには、この人工的な世界から抜け出さなければなりません。先に引用したように、プルードンProudhonはすでに、彼流のやり方で、それを理解していました。

多少大ざっぱに都市の姿を表現すると、四方に広がった都市のまわりは高速道路が取り巻いていて、ひたすら増え続ける自動車の流れを、吐き出し、そして吸い込んでいます。生活空間は断片化してしまい、人々が住む住居という場所は、それぞれの年収によって快適さに大きな違いがあります。さらに人々は、他の場所も必要としています。レジャーやショー見物をする場所、仕事の場所、学校の場所、買い物をする場所などです。自動車もこうした事物の秩序のなかに位置づけられています。私たちが自動車を所有するのは、こうした複数の場所を結びつけるためで、このようにして私たちは、日常的に駐車場から駐車場へと移動しつづけるのです。

自動車を使って移動ができるということは、新たな社会的差別の要素ともなりえますが、もはや大都市の中では幻想でもあります。なぜなら、あまりにもたくさん自動車があることによ

★（19）この復権という言葉は、第2章のタイトルにも使われており、直訳すると「時間を復権させる」となりますが、タイトルに関しては、意訳してあります。

★（20）この言葉については、巻末の語句解説で説明しています。以下では、「自然エネルギー」と訳すことにします。

☆（32）COCHET (Yves), *Antimanuel d'écologie*, Bréal, 2009, p. 247.（『エコロジー反面マニュアル』）

って、皮肉なことに、二本の足で歩行する人にも、無視できない有利さが生まれるからです。というのは、自動車を使った輸送システムは、人間が発明したすべての輸送システムのなかで、おそらくもっとも効率の悪いものだからです。今日、たとえば北京では、自動車の平均時速は、毎時8 kmにも満たないのです。

イヴァン・イリッチとジャン＝ピエール・デュピュイ Jean-Pierre Dupuy は、自動車を使用する場合の、総合平均速度（一般化速度 vitesse généralisée）と呼ばれるものを計算したのですが、そのときに考慮したのは、車での移動時間に加えて、渋滞で動けない時間と、車の購入代金、燃料代、タイヤ代、通行料金、保険料、罰金（事故までは含めないとしても……）などを払うために働く時間も算入するというものでした。その結果、自動車の総合平均速度は、毎時6 kmを超えないか、歩く速度と大差ないということを証明したのです☆(33)。この条件のもとで、自転車は、自動車と比べてはるかに優位に立っています。自動車は、うるさくて、臭くて、大気汚染を起こすことによって、街を生活できない場所にしてしまいます。その結果、週末ごとに、都会人は混雑した居心地の悪い高速道路を通って、より気持ちのよい空気を吸いに出かけて行くのです。

ポイント

自動車の総合平均速度は、毎時6kmを超えないか、歩く速度と大差ありません

帰り道、人々は同じ舗装された道路で渋滞に巻き込まれるのですが、これも、時間を食いつぶすだけの、いまや定例の儀礼とでもいうべきものになっています。一部の人は、落ち着きを保とうと努力したり、他人に対する無関心さに嫌気がさしたりして、こうした望まざる世界から離れて、自分自身をよりよく保ち続けるために、監視カメラの設備が整い、しっかりと密閉された住居〔オートロックのマンションなどを指しています〕へと逃れています。イリッチの結論によれば、現代人は、いますぐに次のことを知らなければならないのです。

スピードアップを自ら望むことによって、現代人は、自分自身を牢獄に閉じ込めることを推進しているのです。そのスピードアップの要求が実現するということは、自分の自由と余暇と独立の終わりを意味するでしょう。☆(34)

☆（33）ILLICH (Ivan), *Énergie et équité*, Seuil, 1977.（大久保直幹訳『エネルギーと公正』昌文社、一九七九年）DUPUY (Jean-Pierre), ROBERT (Jean), *La Trahison de l'opulence*, PUF, Paris, 1976.（『豊かさの裏切り』）

☆（34）ILLICH (Ivan)、前掲書、p. 80.

これに対して、脱成長の町では、住民たちは、かつてボードレール Baudelaire やヴァルター・ベンヤミン Walter Benjamin がしていたような、価値のある散歩を楽しむ喜びを再発見するでしょう。

ポイント
世界での暮らし方を学びなおすことが、私たちには必要なことなのです

ラルザック高原 Larzac のそばでは、何十年か前から「田舎で生活し、働く」ことが叫ばれていました。そうしたことからヒントを得て、都市部での生活を考えることは有益でしょう。容易に利用できる距離にあって、速くて、費用のかからない集団的な公共交通機関を整備することが、必要になってきます。しかし、本当の都市政策の主要な部分を構成しているのは、住みやすく車が行き来しない街です。いまや、

街や共同体が、人間のあらゆる活動によってつくられ、人間活動のために存在するという、いわば小宇宙 microcosme に戻り、そこでは、人々が働き、暮らし、くつろぎ、学び、話し合い、水浴びをし、みんなで共同生活の世界を管理する。☆(35)

というときになっているのです。一九世紀にも、これと似た考えをもった人がいました。それは、ジャン＝バティスト・アンドレ・ゴダン Jean-Baptiste André Godin で、彼は豊かで幅広い想像力をもっていました。彼は鍵屋の息子でしたが、空想的社会主義者であるシャルル・フーリエ Charles Fourier の弟子となり、実業家として暖炉のゴダン社〔現在も実在しています〕の経営者になりました。その後、市長にもなり、代議士や県議会議員にもなりました。一八六〇年頃、彼は、フーリエの考えたファミリステールと呼ばれる共同住宅の最初の建物の建築に着手しました。その建物は、「社会宮殿」le Palais social〔意味から考えると、社会主義を実践する宮殿という感じに近いと思います〕とも呼ばれ、エヌ県 Aisne のギーズ Guise にある鋳造所の労働者たちに提供され、その結果、彼らは協同賃金労働者となりました。この「民主主義的な都市」は、広くて明るくて暖房のある住まいの中で、労働者階級の代表者を受け入れていました。工場と「宮殿」のすぐそばには、託児所、（作業場で発生した熱を回収して暖められた水を使う）共同洗濯場、野菜畑、野外音楽堂、劇場、学校、日用品が安く買える売店などが作られました。ここの集団生活のしくみは、信頼に基づき、共同で働き、相互援助しあい、富の分配を行い、互いに補完しあうというものでした。ときとして雑然としていたり、しばしば干渉しあったりすることもありまし

☆（35）GORZ (André), *Écologie et politique*, Points Seuil, 1978, p. 86.（『エコロジーと政治』）

た。説明だけを聞くと、なんとすばらしい理想かと思うでしょうが、残念ながら、これは一九六八年に消えてしまったのです[36]！

一方で、デンマークでは、一九六〇年代という重要な magique 一〇年の間に、いくつかの家庭が、いままでとは異なる生活の仕方や仕事をするという誓いを表明しました。それによると、大都市のなかで、それぞれが孤立して暮らすというやり方を解消し、家庭や教育のいくつかの仕事を住民たちの間で分け合うというのです。同じような趣旨で、「集団住居」、「相互隣人関係」、「共同住居」、「エコの街」などさまざまに呼ばれる、さまざまな計画がヨーロッパやアメリカに姿を現しました[37]。最もよく知られている成果は、フライブルク Fribourg-en-Brisgau（ドイツ）のファウバン Vauban 地区と、南ロンドンのサットン Sutton という町のなかでのBedZED（ベディントン・ゼロ・エネルギー開発 Beddington zero energy development）で、どちらも二〇〇〇年代の終わり頃に出現しました。イギリスでの成果は、おそらくもっともよく目的を達成していました。なぜなら、実際に環境への負荷が著しく減ったからです。ひとつの同じ空間に、多彩な社会的階層の混在 mixité sociale を尊重した住まい、仕事の場所、公共サービス、自動車の役割を減らしたレジャー施設などが共存していて、急がない移動方法が特に大切にされていました。

こうした経験においても、これから説明する「脱成長」の街の計画においても、いくら環境のことまでも考慮したといっても、個別に隔離された住まいというのは、理想のまちづくりとしてはまだ不十分なものであると見なされています。それは何ヘクタールもの農地が、毎年、コンクリートとアスファルトの下に消えてしまうからなのです。集団化された建築と集合住宅は、エネルギー効率がより良いうえに、往々にして市場によって決められてしまいがちな個人の住居選択を改革する答でもあります。そうなると、住まいを探すということは、生活様式を定義することを意味し、個人がもつ考え方と協力的な実践とを結びつけることになります。これらの住居では、共に楽しむ生活 convivialité という考え方が尊重されており、言い換えれば、環境保護的で社会的な価値観を尊重するということになります。つまり、集産主義 collectivisme と共同体主義 communautarisme★(21) という罠にはまらないようにしつつ、個人主義の壁は破壊するのです。

☆(36) DRAPERI (Jean-François), *Godin, inventeur de l'économie sociale*, Éditions Repas, 2008 (『ゴダン、社会主義経済の発明者』) を参照のこと。

☆(37) *La Décroissance*, n° 39, mai 2007. (『脱成長』三九号「もう一つの成長」特集号)

★(21) 生産を共同化するというのは、ソビエト連邦などでの共産主義で行われましたが、誰も真剣に働く者がなくなり、生産性が著しく低下する結果に終わりました。それがソビエト連邦の崩壊の原因となりました。同様のことは、中国でも行われていましたが、現在は、社会主義体制のなかで、生産は資本主義化されています。

ポイント
集団化された建築と集合住宅は、エネルギー効率がより良いのです

「スロー・シティ」（Slow City〔もともと英語で「ゆっくりとした街」という意味〕）運動も、これと同じようなものです。この市民運動は、「スロー・フード〔ファースト・フードに対して作られた言葉で、ゆっくりとした食事という意味〕」運動を拡張したもので、世界じゅうに運動の輪が拡がり、賛同者は、生産者、農民、職人、漁師を含む一〇万人に達しています。彼らは、食品の画一化に反対し、食べ物の本来の味とおいしさとを再発見しようと主張しています☆(38)。

ヴァール県 Var コレンス村 Correns における実験を、こうした例として挙げましょう。そこでは、すべてのブドウ栽培者が、有機農業をすることに決めました。さらに、ムーアン＝サルトゥー Mouans-Sartoux やバルジャック Barjac での実験も、例として挙げることができます☆(39)。この最後の例では、有機野菜を学校の食堂★(22)に導入することになったのですが、そのさい、市長の決断がいかに勇気のある創造的なものだったかがわかります。そしてこのことが、村の生活のすべてを少しずつ、しかし根本的に改善してゆきました。「移行する街」Villes en Transition という運動は、アイルランド（コーク州 Cork 近くのキンセール Kinsale）で生まれて、イギリスじゅうに広がったもので、その根本的な構造は、おそらく私たちが考える脱成長の社会に最も近いものと思われます。これらの街は、インターネットに公開されている憲章によると、当面、

化石エネルギーの枯渇に備えて、エネルギーの自給自足を目指しますが、より一般的には、エネルギー危機に負けない強い**回復力** résilience〔復元力、ロバストネス〕の実現を目指しています。この回復力という概念は、科学の一分野である生態学から借りたものですが、もともとの意味は、生態系における相互作用用ネットワークが質的に変化しないことを指しています。より一般的な意味では、あるシステムがもつ変化に対する許容力（容量）で、外力が加わってもその影響をうまく吸収し、システムがもつ機能や構造、自己同一性やフィードバック効果を本質的に保ちながら、自らを再編成することのできる能力として定義できます☆(40)。回復力という言葉の意味を一言でいえば、環境の変化に耐えられる生態系の許容力を表しているということになります。

たとえば、大都市圏は、石油の枯渇、気温の上昇、それに予想されるあらゆる大災害などの

☆（38）PETRINI (Carlo), «Militants de la gastronomie», *Le Monde diplomatique*, juillet 2006.（「おいしい食事にこだわる闘士たち」、雑誌『ル・モンド・ディプロマティーク』二〇〇六年八月号）

☆（39）これは、ジャン＝ポール・ジョー Jean-Paul Jaud の映画『未来の食卓』（原題は『私たちの子供たちは私たちを責めるに違いない』*Nos enfants nous accuseront*）で有名になりました。

★（22）フランスの学校では、日本のような給食はなく、教室ではなく食堂で食事をとるようです。

☆（40）HOPKINS (Rob), *The Transition Handbook. From Oil Dependency to Local Resilience*, Green Books Ltd, 2008.（ロブ・ホプキンス『トランジション・ハンドブック――地域レジリエンスで脱石油社会へ』城川桂子訳、第三書館、二〇一三年）

問題に対して、どのようにして対処することができるでしょうか。生態学的な実験研究の結果によると、系がひとつのことに特化することによって、ある特定の種類の能力をきわめて高くすることはできるのですが、そうすることで系全体の回復力は弱まってしまうのです。逆に、系を多様にすると、抵抗力が強まり、適応能力が高まります。野菜を作る畑で、何種類もの作物を栽培するようにしたり、住居のそばで小規模の手作業で行う農業を再び導入したりすることや、自然エネルギー源を増やすことによって、結局、回復力を強靭なものにすることができます。

政治的な面では、直接民主主義と運営参加による予算決定との間で、共通の財産を守るために、人々は、さまざまな自治のかたちを試しています。「都市内に共存する村」のアイディアや、マレイ・ブクチン Murray Bookchin の無政府的な環境的地方自治主義 écomunicipalisme libertaire☆(41) のアイディアなどを組み合わせて、人々は試行錯誤しています。これらさまざまな先行的試行のなかから、「バイオ地域」〔この言葉は誤解されるかもしれません。バイオテクノロジーで成り立つ地域ではなく、環境にやさしい地域という意味です。語句解説参照〕が自然に組織化されてきたことは、その成果とも言えるでしょう。こうした地域的な小さなシステムが集まって作られる、より複雑な大きなシステムでは、生態学的にみた自己維持能力〔先に述べた回復力を指しています〕が強くなっていて、こうした「いくつもの町でできた街」、あるいはむしろ、「いくつもの村でできた街」といった方がよいでしょうが、これらは、外部不経済〔環境汚染など外部に対する負荷：巻末語句解説参照〕をなくし、内部でのエネルギー消費も減らすことを目指しています。このような新たな空間の使い方と、その中での新たな暮らし方は、私たちの立場からみると、すでに時間の使い方についての革命となっているのです。

ポイント

避けることも抵抗することもできない脱成長がくることを予見して、スムーズな移行を図ります

これらのすべての実験的試みでは、それだけの数の代案となる実験場が作られましたが、これらは、「第三千年紀〔西暦二〇〇一年から三〇〇〇年までの一〇〇〇年間を指します〕の修道院」、つまり、明日の文明を用意するという特徴をもっています。避けることも抵抗することもできない脱成長が来ることを予見して、スムーズな移行を図ることが重要です。リチャード・ハインバーグ Richard Heinberg は、未来から現在に宛てて書いたという想定の手紙のなかで、必然が支配する世界 l'empire de la nécessité において、どのように自立性を維持するかということを、説得力をも

☆（41）BOOKCHIN (Murray), *Pour un municipalisme libertaire*, Atelier de création libertaire, Lyon, 2003.（『無政府的地方自治主義のために』）

って書き綴っています。

この危機を生き抜いた人々の大半は、有益な教訓を学んでいました。彼らは、肥沃な土壌や発芽力のある種ばかりか、きれいな飲み水、汚染されていない大気、そしてまた、信頼できる友人を、注意深く維持しつづけることを学びました。彼らは、なんらかの政府や機関からの指示を待つのではなく、彼ら自身で、自分の生存を維持するすべを学びました。☆(42)

第2節　より良く生きるために働く量を減らそう

与党でも野党でも、まともな政治家が、選挙運動のなかで、次のようなスローガンを叫ぶことなど想像できるでしょうか。

支出を減らすために、消費を増やそう。

どんな経済学の教授でも、さまざまな分野の専門家の人々でも、こんなばかげた宣言をみたら、神聖不可侵な需要と供給の法則に反しているといって、嘲笑するに違いありません。でもこれは本当のことを述べているのです。二〇〇八年の初めにおきた石油価格の高騰のさいに、漁師たちが不平不満を表明しましたが、それに対して応対した政府の答えはこうでした。

値段を下げたかったら、燃料をもっとたくさん燃やせばよい。★(23)

イェール大学の偉大な経済学者であるアーヴィング・フィッシャー Irving Fisher は、自分の学生のどんな質問に対しても、「それは需要と供給の法則だ」と答えるように、オウムに教えこんだのだそうです。経済に関する学問には偽物が多く、数学的な見かけを装ったガラクタの山にしか見えないのですが、そのなかでもしも少しでも常識というものがあるのなら、それはまさにこの「需要と供給の法則」です。にもかかわらず、「より多く稼ぐために、より多く働く」という非常識なスローガンは、二〇〇七年のフランス大統領選挙活動の間、大きな成功を収め、政府の指針の役割を果たす一方、専門家からは、反対の声などまったくあがらなかったのです。

このスローガンはまさしく非常識なもの★(24)なのです。それは、脱成長主義者や一般人とは違い、フランス企業運動（ＭＥＤＥＦ：Mouvement des entreprises de France）に関わる経済学者の大半に

☆（42）HEINBERG (Richard), *Peak Everything: Waking Up to the Century of Decline*, New Society Publishers, 2007.（『すべてがピークを迎えた。下降に向かう時代に目覚めよう』）Y. Cochet、前掲書、p. 229 による引用を参照。

★（23）たくさん使えば価格が下がるはずだという意味です。総量と単価を区別して考える必要があります。

とって、仕事というのは、単にいろいろな品物と同列の一商品のはずだからです。労働は、石油と比べることもできて、そうした商品と同じように扱われなければなりません。その結果、労働の価格は給料と呼ばれることになりますが、需要に比べて労働力の供給が多いときには、給料は下がる傾向にあるのです。たとえば、もしも労働者がすでに職に就いていて、もっと働きたいという意思がある場合を考えてみましょう。いまの労働市場では、労働者が働くことのできる最大時間数は非常に多いのに、その労働力全体に対して、それを必要とする需要（提示されている雇用可能数）は、はるかに少ないのです（公式の統計によると、労働人口の約一〇%が失業していますが、統計は細工されていて、実際はもっと多いはずです）。したがって、職探しは熾烈をきわめ、非常に厳密に理論的に考えると、人々は相場（はっきり言えば、給料）の暴落を覚悟するしかないのです。逆に、労働力の供給が減れば、給料は上がる傾向になるでしょう。つまり、超過勤務を大規模に拒否し、労働時間をもっと減らせば、生活水準はいくらか改善することが期待できます。

みなさんも知ってのとおり、私たち脱成長主義者は、経済法則と称するものにはたいした敬意を払いませんが、前に述べた大統領選挙のスローガンがいつまでも使われる理由は、労働時間がすでに長過ぎるからだと言わざるを得ません。社会において労働が占める直接的あるいは間接的な役割は、労働が含まれるすべての活動（教育、研修、レジャー、そしてリフレッシュまで）を通して、人生を貪《むさぼ》り食い、市民権を圧迫し、ストレスと苦痛を生み出すことなのです。ストレスのあまり自殺する管理職もあとを絶たず、フランスにおける抗うつ剤の消費は天井知らずの上昇を続けています。

かりに私たちがいまの働き方を変えないという選択をするならば、それは生態学的な破局のときを早めることしかできないわけですから、より多く働くことはなおさらばかげて absurde います。こういうわけなので、成長に反対する者としては、「皆が働くために、より少なく働く」と主張する非正統派の経済学者にもやむをえず賛同し、また、「より多く稼ぐために、より少なく働く」と主張する正真正銘の正統派の経済学者に同調することにも、いっさいのためらいを抱かないでしょう。しかしながら、私たちのスローガンはむしろ、「より良く生きるために、働く量を減らそう」ということなのです。メディアの阿片 opium[25] よりも、むしろ人々の「余暇」otium を促進するほうがよいと思います。[26]

★(24) 原語は iconoclaste で、聖画像禁止主義的という意味です。わかりにくい言葉ですが、モーセの十戒の偶像崇拝の禁止に反するという主張ですが、提案されたあとに否定されました。ここでは、需要と供給の法則を否定する非常識なものとして使われています。

★(25) この表現は、メディアの宣伝に踊らされて、より多く働くことにはまりこんでゆくことを、麻薬中毒にたとえています。

★(26) オピウムとオシウム／オティウムの語呂合わせです。後者はもともとラテン語の言葉ですが、現在の読み方は、ここに示したように国によって異なります。

ポイント より多く働くということは、この選択が生態学的な破局のときを早めることしかできないだけに、なおさらばかげています

労働者のことを考えて収益を分配すれば、労働時間を削減することもできるはずです。労働者の生産能力が向上したという場合、この努力が優先的に製品のコストを下げるのに向けられて、価格を下げ、利益を上げることに使われなければならないのはなぜでしょうか。この生産性の向上の主な立役者である労働者が、より満足できる形で報いられるべきです。つまり、より良く生きるためには、より少なく働き、そしてさらに、活発に働く新人を迎えなければならないのです。

ポイント 私たちのスローガン：「より良く生きるために、働く量を減らそう」

そこで残る課題は、仕事を減らすことによって解放された時間を、意味のあるものにすることです。いまの世の中では、経済至上主義 économisme が幅をきかせているので、残念ながら、働かなくてよい時間が与えられても、現代生活のさまざまな束縛（交通機関を利用する時間や、

諸手続きに要する時間など、つまりイリッチが幻の仕事として位置づけたすべてのもの）に流用されてしまい、それ以外は、往々にして、他の商業活動（内職）に消えたり、商業的サービスの消費に使われたりしてしまいます。一九五〇年以降の西洋における寿命の延びを一日あたりに換算すると約三時間にもなるのですが、これは、ヨーロッパ人がテレビの前にいる平均的時間と同じで、首都に住むフランス人の毎日の移動時間の二倍にあたります[☆43]。労働時間をやりくりして得られた自由時間をいかに上手に使うかということは、生産至上主義によって蝕まれた社会のなかでは、すぐに答が出るものではありません。消費ばかりか、仕事にも中毒になっているために（アメリカ人は、仕事中毒 *workalcoholics* という言葉を使います）、この新たな自由は、不安の源にもなりうるのです。

私たちは、自分自身の人生の進む向きを、自らの意志で決定するという準備ができているでしょうか。人生という長い河は、これまで実に静かに流れてきて、その過程では、しばしば状況に迎合してしまうこともあったのではないでしょうか。生産至上主義と仕事主義というしくみから抜け出すには、時間のまったく別の使い方を考え出すことが必要です。つまり、余暇や遊びにも仕事と同じ価値を与えるのです。そして、使い捨てのどうでもよい製品を生産したり

☆（43）「テレビという消費活動は、世界的に見ても、自由時間のもっとも大きな割合を占めるもので、西ヨーロッパの場合、毎日平均二一七分間、アメリカの場合、毎日平均二九〇分間になります」。BRUNI (Luigino), *La ferita dell'altro. Economia e relazioni umane*, Il Margine, Trento, 2007, p. 172.（『他人の傷。経済と人間関係』）

消費したりすることよりも、人との社会的な繋がりを大切にするのです。商品の論理とは別の論理によって生活のなかで価値を再発見することは、商品の経済的価値を下げることになります。市場とは関係なく、自分自身でものを生産すれば、環境への負荷とＧＤＰを同時に減らすことができ、個人的にもある種の満足を得るという点で、同時に多くの改善ができます。

かつてマルクスは、仕事を細分化することは、国民を破滅させる行為であると述べました。私たちは利益の追求という目標に誘導されて、合理化という人間性喪失過程を、あまりにも遠くまで推し進めてきました。ここで提案するのは、手仕事の再発見です。その場合の仕事というのは、激しい競争の圧力に屈しないで創造的に働く職人や農民の活動です。それは細分化された仕事に対する気分転換となるでしょう。こうした働き方、つまり自給自足は、輸送の環境的コストを減らし、包装を減らし、リサイクルを容易にする方法のひとつとなります。こうして手仕事の再発見は、細分化された仕事に対する気分転換となるでしょう[★27]。たとえば、ガーデニングをすると、家族にとって、一年じゅう傷みのない果物と野菜を得ることができ（自分でだめにしなければ！）、季節ごとに旬の食材を選択し、食べ物の生産と消費を自分で計画することができます。自分の住居を自分で改修したり、互いに助けてもらったり一緒に作業しながら、自給自足（庭仕事、料理）を営むことは、現在の生産至上主義というシステムの欠陥に対する部分的な答えとなるでしょう[☆44]。

このようにして、自分の労働力という資源を自分自身で管理することは、自立や節制を助け、無駄遣いの削減にもつながります。いまや私たちの日常のいろいろな作業にも、それぞれの仕事のプロが入り込んできています。彼らは、自分が提供するサービスを、私たちに上手に売り込むのです。私たちはもはや、自分でものを作って消費するということをしなくなり、自分で消費するためにものを作ることもしなくなりました。次のようなことが、私たちには日常的にできなくなっていませんか。簡単な食事を自分で思いついて準備するとか、ごくささやかなものでも子供たちにお菓子を用意するとか、あるいは、家庭電化製品を修理するとか、生活環境を好きなように改造するとか、部屋の間取りを都合によって変更したり、ウールのセーターやマフラーを編んだり、野菜や果物を育てたりするといったことです。こうしたことは、簡単に言えば、私たちの一〇本の指を再び使えるようにするということです。そしてまた時間も、再び私たちに適したものに変える必要があります。成長に反対する私たちは、「脱消費」ということも訴えています。

仕事の量を減らすと、こんどは、関係財の「生産」を促進することができます。関係財は、最近、経済学で使われるようになった言葉ですが、経済学者や法学者によって「公共財」と呼

★（27）このあたりの文は、初版とは変更されています。
☆（44）PADES（Programme autoproduction et développement social 自己生産と社会的発展のためのプログラム）の活動などを参照のこと。「自らを再構築するために、自分でものを作る」«Autoproduire pour se reconstruire», *Silence*（フランスの雑誌 http://www.revuesilence.net/）, n° 360、二〇〇八年九月号。

ばれるものの一種ということができます。公共財には、道路、街灯、ラジオ放送やテレビ放送、大気、太陽光、治安、憲法、インターネットなど、現実にある多様なものが含まれます。それに、明確な形のない言語や文化を加えることもできます。公共財を定義するならば、「競合しないこと」（利用できる財の量は、他人がそれを享受することによって減らない）と、「排除できないこと」（財に自由にアクセスできる）という、二つの基準に合致するものです。これに対し、関係財の特徴はさらに、たとえば会話によって生まれる満足感のような、数人の人が集まってそれを享受するときにしか存在しない、形のない「生きている」公共財ということになります。

ポイント
関係財は、経済学者や法学者によって「公共財」と呼ばれるものの一種です

友情や知識のようなものも関係財と考えたとき、私がそれを「消費」しても、蓄えを減らすことはなく、それとは正反対のことが起こります。もしも私たちが二人の間で意見を交換すれば、その後には、それぞれが二つの意見をもつことになります。意見や信念の交換とか、良きライバルがそれぞれもつ理想などを交換しあうこと、市民の間での契約、愛の言葉、気心の知れた相手との商売など、これらすべてに共通する論理は、「情けは人のためならず」ということで、これらは命の塩★[(28)]と呼ぶことができます☆[(45)]。私たちは、仕事時間を減らすことによって、自分の子供や両親、親戚、隣人などと話をする時間をもういちどとりもどすことができます。そして、「他人の味わい」le goût des autres★[(29)]ということも、再発見することができます。かつてイタリアの環境大臣であったジョルジョ・ルッフォーロ Giorgio Ruffolo は次のように指摘していました。

> たえず高度で複雑になり続ける携帯電話の使い方を教えたり、たえず強力になり続けるオートバイの使い方を教えることに比べれば、学校や保健所の質を良くしたり、文化的行事に参加することを奨励するほうが、公共福祉 bien-être collectif の観点から、より重要なのは

★（28）この言葉は、二〇一〇年当時にあったテレビ番組の名前のようです。命を支えるのに必要な塩をめぐるドラマのようです。一方で、この言葉は、聖書の「地の塩」と関係していると思われます。また、二〇一二年には、フランソワーズ・エリティエがこの題名の本を出しています。

☆（45）FLAHAUT (François), *Le Crépuscule de Prométhée. Contribution à une histoire de la démesure humaine*, Mille et une nuits, 2008, p. 262.（『プロメテウスの黄昏。人間のやり過ぎの歴史について』）

★（29）二〇〇〇年に封切りされた映画のタイトル。人間模様のなかで、他人のそれぞれの良さを味わって好きになるという意味で、仲間の大切さを表現していると思われます。

なぜなのか、わざわざ説明するまでもないでしょう☆(46)。

このような「自由」時間の再征服は、マインドコントロールから抜け出すのに必要な条件なのです。これが労働者やサラリーマンにあてはまるのは当然のことですが、実は、ストレスに悩む管理職や競争に悩まされているオーナー、そして成長という強迫観念に捕われた自由業の人々についても、同じようにあてはまります。彼らはいまは競争相手かもしれませんが、脱成長社会を構築してゆくなかでは、盟友となることもできるでしょう。体制によって押しつけられて束縛されている状態から解放されるためには、まず自分で自分を束縛している状態から抜け出すことが、おそらく最も良い方法でしょう。

第3節　隔たりを減らし、ゆとりを見出す

一九九〇年代にはすでに、マチス・ワケナゲル Mathis Wackernagel とウィリアム・リース William Rees というカナダの大学の二人の研究者によって、人間と自然との間の関係を測る最初の環境指標が定義されました。それは、エコロジカル・フットプリント empreinte écologique と呼ばれています。原理は簡単で、ある国の住民が必要とするものと、それを生産するのに必

要とされる自然の土地の面積とを関連づけるというものです。私たちが生きるために必要とするもののすべて（私たちが生産し、消費し、捨てるもの）は、ある面積の土地の使用として表現できます。たとえば、私たちを養うために必要な面積の小麦畑、私たちが身にまとうだけの量の綿を作るのに必要な面積の畑、私たちが使う暖房や、自動車が排出する二酸化炭素をリサイクルするために必要とされるだけの量の森林などです。一人の人間が利用できる「生き物を生み出す力をもつ」土地の面積を、世界で平均すると、約一・八ヘクタールになりますが、これをエコロジカル・フットプリントと呼びます。この値は地域によってかなり違っています。たとえば、アメリカ人一人のエコロジカル・フットプリントは約九・六ヘクタールですが、フランス人のそれは約五・二六ヘクタールです。アフリカ人やアジア人のエコロジカル・フットプリントは約一・四ヘクタールでしかありません。☆(47)★(30)

☆（46）RUFFOLO (Giorgio), *Il capitalismo ha i secoli contati*, Gli struzzi Einaudi, 2008, p. 206.（『資本主義に残されたわずかばかりの世紀』〔☆（9）前掲。この文献は、資本主義に残された時間は限られているが、それでもそこでできることはある。地球の限界を考えながら上手にやっていこうという趣旨のようです。引用ではありますが、本書の趣旨とはだいぶ違っているようです。〕）

☆（47）計算方法が進歩したり、より完全なものになれば、これらの数字は変わってきますが、それでも大幅に変わることはありません。

★（30）当然のことながら、日本は、このアジアの値ではなく、四・七ヘクタールとなり、日本全体では、日本国土の現存面積の一五倍に相当します。

ブッシュ元アメリカ大統領（父子ともに）の意見によると、アメリカの生活水準はごくあたりまえのもので、引き下げる余地などないのだそうですが、右の数字からわかることは、もしもあらゆる人間社会が、アメリカ流の生活水準を採用したならば、人類は全体として、地球を五個も必要とするのです[☆48]。別の言い方をすると、「北の国」〔先進国〕の住民が、恥ずかしげもなく生産と消費を増加させてゆくことができるのは、地球の蓄えをひたすら使いつくしつづけることによってであり、それに関して、「南の国」〔低開発国や発展途上国〕の住民がより節度をもった暮らしをすることに甘んじて努力してくれているお陰《かげ》でもあるのです。今日では、事態はさらに悪化しています。利用できる最新の二〇〇五年の統計の数字によると、私たちは生態系の再生能力をすでに三〇～四〇％超えているのです。どうしてこんなことが可能なのでしょうか。聖書に出てくる放蕩息子のように、私たちは過去の遺産を食いつぶして生きていて、現在の所得でのみ生きているわけではないからです。こうして、地球全体の光合成が一〇万年かけて作るのと同じ量の燃料を、私たちは一年間で燃やしているのです[★31]。フランスが持続可能なレベルの資源消費量に戻るためには、これからは、環境負荷の約七五％の削減が必要だということになります[★32]。石器時代に戻るわけにもいきませんが、どのようにすればこれは可能でしょうか。エコロジカル・フットプリントの爆発的増加が始まったのは、新石器時代ではなく、一九六〇年代からであることに注意すれば、ベルトを無理に締める（生産量を減らすなど）よりも、生産のやり方を工夫することが大事だとわかります。グローバル化によって、広い意味での中間消費（輸送やエネルギー）が爆発的に増えたのですが、この膨張した風船の空気を一挙に抜けば、最終消費レベルを満足できる程度に守ることができるでしょう。配達距離を短縮するとか、生産活動の場所を移転させるとか、そして特に重要なのが、農民自身による農業の復興ですが、これらが優先的にやるべきことです。

地域経済を再び活性化させるためには、国際的な輸送を抜本的に削減することが絶対に必要です。イチゴ味の小さなヨーグルトカップを考えてみて下さい。いまはなんと、九一一五キロメートルも運ばれて、私たちのテーブルにたどり着いているのです！ 本当なら、私たちの祖母の時代のように、家庭の台所で作ることもできるはずです。デンマーク産の小エビは、北ヨーロッパとその市場に再び上る前に、なんとマグレブ Maghreb〔北アフリカの地域名〕にまで運ばれて、そこで「専門家」という名の安い労働力を使った手作業で殻を取るのです★(33)。野菜や果物は、スペインのアルメリア Almeria 地方の温室の中で作られ、外国人労働者による世話と化学的処

☆（48）GADREY (Jean) & JANY-CATRICE (Florence), *Les Nouveaux Indicateurs de richesse*, La Découverte, 2005, p. 69（『豊かさの新たな指標』）を参照のこと。

★（31）この表現は誤解を生むので、説明が必要です。語句解説参照。

★（32）フランスの場合は国土に占める耕作面積が広いので、この数字は比較的まだましです。日本の場合には、前述のように、もっと深刻です。

★（33）これは日本でも同様です。アジアの国々で手作業が行われています。

理をうけるのですが、こうした労働者たちは、一九世紀の工場における労働者階級と変わらず、搾取されつづけているのです。洋服はいまや、十二の国を六〇〇〇キロメートルも駆け回りながら、いろいろな工程を経て製造されますが、その過程でさまざまな環境汚染を引き起こします。この場合の問題は、海上輸送の経済的コストがタダ同然で、ヨーロッパを横断するトラック輸送も、私たちの家庭料理のなかにいつもでてくる食料品の価格のなかでは、ほんの一部でしかないことなのです。

ポイント
小さなヨーグルトカップは、九一一五キロメートルも運ばれて、私たちの食卓にたどり着きます

消費者はとても信じやすく、深く考えずに外観だけを見て気に入ってしまうので、グローバル化によって食べ物の習慣自体が変わってしまいました。なぜなら、地球の裏側から季節はずれのとてもおいしい果物や野菜(しばしばまずくて有毒なこともありますが)がもたらされると、これらを消費できることが無二の喜びとなるからです。しかし、こうしたことはすべて、合理的で必要なことといえるのでしょうか。

果物や野菜に関する協力事業による convivial 物流は、ＡＭＡＰ(伝統的農業推進協会

Association pour le maintien d'une agriculture paysanne）という名称のもとに、生産者と消費者という経済主体間の相互契約に基づいて構築されるようになり、フランスでも二〇〇一年に初めて作られました。ＡＭＡＰとして最初の形態は、そもそも、一九七一年に日本で、「提携」Teikei という名で始まりました。★(34) これは、生産者と消費者とが直接協力することで、仲間になり、お互いに結びつくという実用的なアイディアということができます。同じ頃、スイスでは共同牧場が作られて、やはり同様に消費者と生産者との協力関係を発展させました。ＡＭＡＰという概念はアメリカにひろがり、カナダにもひろがり、それからフランスにも導入されました。こうして、地域内だけでできる生産のしくみ（一〇〇キロメートル以下の範囲で運用されるもの）が作られました。それらの活動により、季節特有の作物や、新鮮な作物、あるいは伝統的な作物や、農業環境を保護できる作物の生産が行われました。それまでの大量供給を基本としたしくみは本質的にもうけ主義なので、小規模の生産者に対して誠意を示してくれませんでしたが、ＡＭＡＰのようなしくみにより、取って替わることができました。ＡＭＡＰによって、社会的に連帯した経済を都市周辺に根づかせることができました。これにより、大規模農業産業の誘惑から若い農家を救い出すとともに、彼らを農業に定着させることができ、結果として、農業雇用の維持やさらには再回復を可能にしました。こうしてみると、イタリアの消費者団体によ

★（34）単なる「産直」ではなく、産消提携による密接な関係に基づく有機栽培を指すようです。

って生み出された「スローフード」Slow Food の合言葉、「キロメートル・ゼロ」こそがすべての出発点でした。☆(49) 輸送をなくすことによって、温室効果ガスを排出せず、ゴミを出さず、最終的にストレスのない消費に、ぜひとも向かってゆく必要があります。

ポイント

AMAPは社会的に連帯した経済が根づくことを可能にします

生産至上主義を拒絶し、生産活動を再び地域の手にとりもどし、短距離輸送を優先することによって、これまでの、大気汚染ガスを排出し、人間活動とエネルギーを厳しく奪い合ってきた超強力な機械〔資本主義の経済成長社会のこと〕に対して、再び人間を優位に立たせることができるようになります。この新たな観点は、農業の生産性、より一般的には、生産効率という強迫観念にとらわれた成長を批判することを基礎として、形成されるのです。ついでに注意しておくならば、事実、数十年前から、農業の生産性は落ちてきています。それは、集中的な薬剤の投入によって、土壌中の微生物を破壊してきたために、土地が消耗し尽くされたためなのです。

経済学者によると、生産性と、生産力の成長、そして雇用は、ごく自然な関係によって結びつけられています。生産性があがらなければ、成長はありません。成長がなければ、雇用は増えません。しかしながら、見かけ上の生産性を犠牲にすることによって、成長なしに雇用を生み出すことは可能で、そのさい、マイナスの作用をもつ外部性★(35)を減らすということは考えられることでもあり、望まれることでもあります。フランスの農業における過度な機械化には副作用がありました。つまり、農業人口を大幅に減らしてしまったのです。一九六二年の時点では、まだ三〇〇万人の農業従事者がいましたが、二〇〇〇年代を過ぎたときには、六〇万人しか残っていなかったのです。今日、ヨーロッパでは三分間にひとつの割合で農場が消えています。おそらく安い石油がなくなってしまえば、農作業の生産力が落ちるので、農民が農場に戻ってこられるでしょう。工業化された農業が、農民の手による農業に戻れば、雇用がおおいに潤おい、もっぱら近隣の市場に向けた作物をつくるようになって、「北の国」や「南の国」の生産者にもインスピレーションを与える新たなモデルとなりえます。たとえば、アフリカとアジアのたくさんの国では、繰り返し食糧危機が猛威を振るっています。こうした危機に直面したときに、ＦＡＯはついに、農民の手による家庭的な農業が、食糧に関する主権を回復するうえで決定的な役割を果たすのだと認めることになりました。これは、世界じゅうに蔓延《まんえん》し、す

☆（49）この考え方は、イヴ・コシェによる、次のようなファースト・フードに対する定式化の裏返しとして生まれました。「低賃金の生産者＋安いエネルギー＋安い輸送コスト＋外国人労働者による加工＋環境や衛生の汚染のたれながし＝時間のない先進国の消費者にとっての〝現代的な〟食事」。*Pétrole apocalypse*, Fayard, 2005, p. 66.（『石油の黙示録』）

★（35）主に大気、土地、そして水の汚染などの外部に対する負荷を意味する外部不経済を指しています。

べてを食い物にする資本主義に直面したすべての国民がもつ立派な権利なのです。生産効率という強迫観念からの解放は、今後、成長に対する反対者がもつべき使命のひとつです。この方針は、農業界のなかに限定されるべきではなく、工業的財を生産するという絶対的要請に導かれた人々にも必要なことです。雇用の最大の競争相手はいつもエネルギーであったので、エネルギーを抑える節制した経済では、地域の手工業の雇用を生み出すことになるでしょう。化石燃料を利用することによって、西洋人は、一人当たり平均五〇〜一〇〇人の奴隷と同等の労働力が使えるようになりました。技術的工夫をいくらしたところで、この収奪 prédation から得られるものを埋め合わせることなどできないでしょう。

一方で、第三次産業は、新たな活動を供給する主要な分野になりました。それを生産至上主義の下に置くのは合理的とは言えません。医者や看護師、教師、介護士、芸術家などの場合、費やす時間を減らすことによって仕事の効率を改善することができるなどと、すこしでも想像できるでしょうか。自由主義イデオロギーの悪魔にとりつかれていないという前提ですが。身近なサービスというのは、ていねいに作り出された場合にしか意味がありません。仕事を実現するのが遅いとしても、仕事がつまらないものだということではまったくなく、逆に、その仕事の重要性のあかしでもあるのです。生産至上主義と技術至上主義の論理とは無縁のこれらたくさんの製品について、とりあえず、コストが高くて売れないと文句を言いたがる人々に批判させておけばよいでしょう。それでも、こうした絶望的とも言えるほどに収入が不十分な人々に対しては、政府が介入して、彼らに対する支持を表明すべきです。★(36) エコロジー(環境保護)は、豊かな人々だけの「もの」ではないのです。

成長という宗教によって道を誤ったため、近代では、速度を、権威、勇気、進歩、性能、功績、時空間の支配などと同じ意味の言葉とみなすことに満足することしかできませんでした。地球規模の経済機械は地獄行きの電車を牽引していて、この地獄のようなリズムを維持するのにもっとも適した人だけを取り込んでゆく不可逆な過程を維持しているといってもよいでしょう。これに対して、空想家、怠け者、冷静な人、無頓着な人、穏健派の人、素朴な人などは、経済機械の力に完全に従わされているわけではなく、弱者もまた自分の居場所を探そうとし、なかには、こっそりと道の脇に居場所を見出した人もいます。いまやるべきことは、ゆっくりとしたペースもなかなか良いものだという評判をもう一度たてることです。テイラーがかつて闘った「怠惰」と仲直りするのも、ばかげたabsurdeこととは言えないでしょう。「無駄な(死んだ)時間」をなくしてしまうことこそ、実は、時間そのものの死を意味しているのです。

★(36) 日本でも、介護や保育の仕事の給与が低いため、これらの職種の希望者が不足していることが問題となっています。

ポイント

エコロジーは、豊かな人々だけの「もの」ではないのです！

「スロー・フード」運動については、すでに言及したとおり、速度というしぶとい概念や速い食事（「ファースト・フード」）とは正反対の方向性をはっきりと目指しています。ここで美食をもちだすと驚くかもしれませんが、それはこの学問が、社会のなかで他人と違うことをするのが好きな人たちから頻繁に着想を得るからです。しかし、食べることは、「農業的行為[☆50]」、つまり政治的行為になりました。お皿の中身について自問するのは、確かに美食の喜びへの真剣な好みを示していますが、それは結局、「人間に関することがら」すべてへの興味でもあります。なぜなら、美食学は、社会生活すべてに関わっているからです。スロー・フードという言葉を発案したカルロ・ペトリーニ Carlo Petrini は、

> エコロジストでないような美食家は愚か者ですが、美食家でないエコロジストはかわいそうな輩です

と好んで繰り返しています。空想的社会主義者のフーリエは、次のように言っていました。

豊かでも貧しくても、すべての消費者が、食べ物の質についてよく知り、厳しく要求するようになれば、良い食糧を手に入れることができるようになります。人は農学者になる前に、美食家になる必要があります。☆(51)

ずっと前から知られているように、集中的な農業生産方式は、ひどいやり方をして食べ物本来の味をすべて奪い、一部の食糧を有毒な製品に変えてしまいました。「スロー・フード」運動のメンバーは環境保護を強く訴え、産業化された食糧と、グローバル化によってもたらされた文化的画一化に反対し（これは、コカコーラ化、あるいはマクドナルド化、つまり国際的で強力な会社によって組織された文化的植民地化のことを指しています）、生物多様性の保護、食糧の絶対的重要性 souveraineté、そして文化的相違の尊重に賛成しています。こうなると正真正銘の社会運動です。つまり、速度や生産至上主義の狂気に対する真剣な反対意思表明となっています。それを担うのは、ゆっくりと、十分に味わう食糧がどんな条件で生産されるのかに関心がある人々であり、「共同生産者」でもある消費者です。そして彼らは、受け入れやすく節度ある脱成長の支持者とも一緒に行動するのです。

☆（50）PETRINI (Carlo), «Militants de la gastronomie», *Le Monde diplomatique*, août 2006.（「おいしい食事にこだわる闘士たち」、雑誌『ル・モンド・ディプロマティーク』二〇〇六年八月号）を参照のこと〔☆（38）前掲〕。

☆（51）FOURIER (Charles), *La Fausse Industrie*, VIII, vol. I, p. 38.（『偽りの産業』）

第4節　地域活動の再発見

地域経済を自立させるということは、食糧とエネルギーの自給自足を図ることを目指すものですが、それと同時に、その地域に適した手工業や製造業やサービス産業などの企画実現を可能にするような金融面での自立をも目指すものです。そのためには、その目的にふさわしい通貨を徐々に整備してゆく必要があります。通貨は人の役に立つべきもので、人間が通貨の奴隷になってはいけないからです。そのため、地域のことを考えた本当の意味での通貨政策を打ち出すことを考えるべきです。住民の購買力を維持するには、通貨の流れができる限りその地域にとどまるべきで、経済的決定もできる限り地域のレベルで行われるべきなのです。

ポイント

地域のことを考えた本当の意味での通貨政策を打ち出すことを考えるべきです

ある専門家（通貨「ユーロ」を発明した一人）は次のように述べました。

国による通貨の独占を維持しつづけながら、地域や地方の発展を助成するのは、アルコール依存症を治すのに、ジン〔アルコール度の高い蒸留酒の種類〕を与えるようなものです☆(52)。

地域通貨の役割は、それが特定の社会のなかだけで通用するものにせよ、金券などの補助的なものにせよ、十分に満たせていない欲求 besoins を、そのままでは使われていない資源と結びつけることです。それぞれの地域には、なかなか充足できないような需要 demande があって、それを発掘して満足させることが重要です。そのさい、ほかの目的に使うことがなくて、しかも利用可能な財を見つけて動員することが考えられますが、そこで、補助通貨が登場します。たとえば、ホテル、レストラン、公共交通機関を考えてみると、空きがあるときに、優待券などの補助通貨があれば、その空きを容易に埋めることができるでしょう。

代わりとなる補助的な通貨として、地域だけで通用する通貨や、バイオ地域だけで通用する通貨などを開発することが、再びその土地に根づいた暮らしを始めるための強力な「てこ」と

☆(52) LIETAER (Bernard), *Des monnaies pour les communautés et les régions biogéographiques: un outil décisif pour la redynamisation régionale au XXIe siècle*（『生物地理的な共同体と地域のための通貨：二一世紀における地域の再活性化のための決定的な手法』)、BLANC (Jérôme), *Exclusion et liens financiers, Monnaies sociales*, Economica, 2005/2006, p. 76（『財政的な排除と連関：社会的通貨に関する二〇〇五／二〇〇六年の報告』）所収。

なります（これには、実験的に運用するためのさまざまな方法があり、相互ロータリー式信用貸しや負の利率などがあります）。言い換えれば、自らの生活空間を再び最適なものにし、世界のなかで再び暮らしなおすということになります。☆[53] これは、グローバル化された生産至上主義によって、土地を失い、居場所を失い、自らの時間を失ったことへの反発なのです。地方通貨システムの適切な規模は、一万人から一〇〇万人程度です。これは、バイオ地域やエコ地域のサイズに相当し、効率性 efficience と回復力 résilience との間のバランスの結果として決まってきます。効率性を高めるということは、スケールメリットによる経済性を得るための集中化を意味しますが（しかしこのことは、機能単一化と過度の専門化による脆弱性を増すというリスクを伴います）、それに対して、回復力（変化に順応できる許容力）を高めるためには、規模を小さくして、複数の機能をもたせることが必要です。生態系の回復力に必要なのは、（自然や人間の）多様性で、そのためには、「空間を細分化すること」が必要です。いままさに目の前にある危機を回避し、財政の膨張に対する治療を行うためには、世界の金融市場を再び小さな区分に分け *recloisonner*、通貨が機能する空間を再び断片化するべきなのです。それを行うためには、銀行と金融の活動を本気で統制し、たとえば、信用の証券化 *titrisation* やレバレッジ（借入依存）☆[54] などを進めてきた経済政策を、思い切って後戻りさせる必要があります。おそらく、定期的に開かれる市場を廃止して、市場のしくみをより古典的なものに戻し、輸入業者と輸出業者を公的に保証する制度を復活させるべきでしょう（しかも、その運用においては、過剰な自由貿易の見直しが必要で、生産の地方への再配置に応じて、より良識的なレベルに戻すべきです）。お金 argent を再び適正なものにすること、それは、時間を自分で支配できるようにすることでもあり、それは、私たちの生活をがんじがらめにしている時間の値段という強迫観念の支配力を弱めることなのです。

通貨 monnaire を再び適正なものにすること、それはおそらく、意識的にその起源となるものを再発見することでもあります。人類学者のデスモンド William S. Desmonde によれば、原始的な通貨は、確かに、

人々の間の相互のやりとりの象徴となっていて、人々を自らの共同体に対して感情的に結びつけるものでした。通貨というのは元来、人々の魂の象徴であったのです。☆(55)

☆（53）LIETAER (Bernard) & KENNEDY (Margrit), *Monnaies régionales. De nouvelles voies vers une prospérité durable*, Éditions Charles Léopold Mayer, Paris, 2008（『地域通貨。持続的繁栄への道』）を参照のこと。次の映画も参考になる。*La Double Face de la monnaie* de GAILLARD (Vincent) & POLIDOR (Jérôme), TINA Films, La Mare aux canards.（『お金には二つの顔がある』http://www.lamare.org/double_face/）

☆（54）たとえば、一〇〇ドルもっていると、投資銀行から一〇〇〇ドル引き出せて、それは、（未来の）デリバティブ市場では、三七五〇〇〇ドル相当になります。

☆（55）LIETAER (Bernard) & KENNEDY (Margrit)、前掲書、p. 204 からの引用。

ポイント

お金を再び適正なものにすることは、時間を自分で支配できるようにすることです

地域通貨を導入するというさまざまな実験的試みがなされましたが、これは、実践のなかから着想を得て、さらに続けてゆく必要があります。二〇〇〇年代にアルゼンチンが通貨危機に陥ったときには、クレディトス（販売信用 creditos）という名前のものが通用していました。この補助的な通貨は、弱くなったペソの代わりとなり、最も貧しい六〇〇万人以上の人々に毎日の買い物ができるようにし、確実に生き延びられるようにしました。各人が使わずにもっているお金を、このように、皆の利益になるように機能させたのです。ドイツのバイエルン州でも、通貨危機ほど深刻ではなく、より平穏な雰囲気のなかでしたが、グローバル化した取引によって引き起こされた経済の脆《もろ》さを乗り越えるため、同様の自発的な運動が行われ、助け合いと相互扶助のお陰で、地方の共同体をうまくまとめました。キームガウエル Chiemgauer は、教師の指導のもとで高校生によってまず発行され、ついでその地方に広がりましたが、その場合、貯金をしてはいけないという罰則を課すことにより、人々の手から手へと、ユーロよりも三〇％も速いペースで流通しました。キームガウエルの有効期限は三ヶ月だったので、実際のところ、キームガウエルを使ってものを買うことには利点がありました。有効期限が切れると、

額面上の価値の二％を失うのです。★(37)もう一度流通させるためには、印紙を貼り付ける必要があり、それによってさらに三ヶ月間使うことができます。このように、多少なりとも価値の損失があることによって、所有者はキームガウエルを使用し、貯金しないようになります。このような閉鎖的な市場を作ることによって、この地域では、小規模商人と職人の製品が流通し、多国籍企業が力づくで地方経済を蹂躙《じゅうりん》しようとするのに抵抗しています。

イギリスのグロースター Gloucester という町では、一九九八年から時間銀行というものができて、もともとマーガレット・サッチャー元首相の急進的自由主義のやり方によって引き起こされた経済破綻を、みごとに回復させました。このしくみは、仕事や生活のいろいろな時間を交換するというもので、たとえばお年寄りのそばにつきそう時間を、家事をする時間と交換することができました。「出て行ったものが帰って来た！」というわけです。このようにして、単親家族、引退者、囚人、身体障害者、精神障害者など、さまざまな人々を、市民ネットワークが結びつけました。個人主義や、保守的な政府によってけしかけられた「一番を目指す競争」に代わり、信頼に満ちた「共に楽しむ生活」convivialité が復活し、昔の共同体を再びとりもどす可能性を生み出しました。公式な貨幣制度のもつさまざまな問題点が、こうして克服されました。

★(37) これは結局、金利なしでのインフレに相当します。これ自体、時間に追い立てられているようでもあります。スローな生活の一方で、お金は速く回転させるということによって、経済を成り立たせる知恵かもしれませんが、どうも著者の考える時間概念とは相容れないようにも見えます。

れました。つまり、時は金なりではなく、時間はお金よりも価値があるのです。そして、人間のもつ限りないノウハウを再び有効に活用できる舞台に、私たちを連れ戻すのです。

地域の時間交換システム〔英語でＬＥＴＳ：家事労働の時間をやりとりする銀行、フランス語ではＳＥＬ〕も、これと同様の原理によって機能します。それは、住居の修復をする仕事が、ベビーシッターや、衣服の縫製、外国語の授業、マッサージ、園芸道具などと交換できるからです。人類学者のマルセル・モース Marcel Mauss によると、贈与を構成する三点セットというものがあって、つまり、与えること、受け取ること、返すこと、というこの三つの義務のことなのですが、それらがすべての社会生活の根底にあるというのです。それがここでも再び表れています。言い換えると、それは象徴的な恩義のひとつの形なのですが、これが、共通の歴史を一緒に作り上げる人々を結びつけていて、そこでは、貨幣（「キャンディー」、「ココナッツ」、「スズメ」、「カエル」など）は、気持ちと気持ちのふれあいのなかで実現された交易を仲介するものでしかないのですが、その点、平等主義的なＬＥＴＳ（たとえば、一時間のアイロンがけに対しては、一時間の英語の授業）はずっと珍しいものでした。ここで問題にしている豊かさは、慣習的に会計士がＧＤＰのなかに数える豊かさとは、まるで似ていません。各人が、ちょっとした手伝いや、活力、創造力、寛大さなどを持ち寄るのです。そしてもしも、人に受けた恩義に比べて、それを補うだけのものを提供できなければ、論理的に不適切であるとして、ＬＥＴＳシステムの支持者たち〔これを sélistes と呼んでいます〕の非難にさらされます。従来からの社会のしくみに対するこのような代案は、社会というものの重要性を強く訴えるもので、地域でものを作るということが合法的であると同時に、非公式な枠組みのなかで奨励されることになり、これは、環境に対する影響を軽減することになります。こうした、「もうひとつの経済」についての実験には、連帯する経済、社会の基盤にある経済と平行して存在する経済、多様な選択肢のある経済、社会的な経済などがありますが、それらを一言でいえば、厳密な意味での経済分野からは外れたもので、それには無数のものがあり得ます（そしてそこでは、あらゆる形の共同的な生活を限界まで極めるのです）。考えられるものとしては、知識を交換するしくみ、家庭菜園、共同経営する菜園、無料食堂、エマオ Emmaüs というフランスでの運動★(38)、イサカ Ithaca というアメリカの町での実験、時間を交換するためのドル（タイム・ドル time dollar）の実験などがあり、それに、七〇年以上にわたり金融危機と通貨危機の緩衝装置としての力量を示したスイスのＷＩＲ銀行★(39)などのネットワークがあります。これらすべては、慈愛という言葉の幅広い意味でくることができます。

★（38）エマオは新約聖書におけるルカの福音書に登場する地名にもとづいています。復活したキリストが現れたエルサレム近くの町です。

★（39）ＷＩＲは、経済ネットワークを表す Wirtschaftsring と、ドイツ語で「私たち」を表す wir の両方に掛けて名づけられています。

ポイント

連帯する経済という「もうひとつの経済」についての実験には、無数のものがあり得ます

これらの例よりは珍しいものの、それゆえにより重要なのが、実際に生産をする企業と関係した実験です。これに関しては、二つの例を思い起こしてみましょう。☆(56) アルドレーヌ社 Ardelaine は、アルデシュ県 Ardèche のサン＝ピエールヴィル Saint-Pierreville にある生産協同組合（ＳＣＯＰ）です。アンビアンス木材社 Ambiance Bois〔「環境を守る材木会社」という意味〕は、ミルヴァッシュ Millevaches の高原にある労働者参加型株式会社（ＳＡＰＯ）です。どちらの会社も、何年か前から、地方経済を再び人々の手にとりもどすための実証実験をしています。代案となる経済運動としてよく知られる「別のやり方で生活し、働く」ことを含みます。アルドレーヌ社は、マットレスや羽布団、あるいは、子供向けや大人向けのさまざまなウール一〇〇％の服を作っています。アンビアンス木材社は、長持ちする素材や健康に関する製品、すなわち、木製の上張り、寄せ木張りの床、唐松でできた屋根板などを提案しています。これら二つの企業は、資本と労働の両方に同程度の重きをおきながら、集団経営とガラス張りの活動内容を強調しています。給料体系は最小限の形に単純化され、自由に決定される労働時間によって、私的な時間を確保することも、また市や個人が運営する地域の活動に市民が参加することも認めて

います。

アルデシュ県では、クルーズ県 Creuse と同じように、生産の過程のすべての段階がしっかりとした管理下におかれました。県の飼育業者との緊密な繋がりが作られ、地方の森林協同組合が互いに結びつけられました。こうして、計画立案の最初から、環境基準の尊重が主要関心事として打ち出されていました。経済と通貨が人の役に立ち始め、このようにしてもはや、利潤という恐るべき論理に全面的に服従することから抜け出しました。

第5節　時間を元に戻す

脱成長の支持者に対して、わざわざ人類を洞穴の時代、蠟燭《ろうそく》の時代、あるいは中世の暗黒時

☆（56）どちらも、もうひとつの連帯的な交換と実践のネットワーク（REPAS）のメンバーです。次の文献を参照のこと。BARRAS B., BOURGEOIS M., BOURGUIGNAT E., LULEK M., *Quand l'entreprise apprend à vivre, la fibre développement local*, Éditions Charles Léopold Mayer, 2002.（『企業が生きることを学ぶとき』）BARRAS (Béatrice), *Moutons rebelles, Ardelaine*, Éditions Repas, 2003.（『反逆する羊たち。アルドレーヌ社、発展する地域の繊維会社』）LULEK (Michel), *Scions...travaillait autrement? Ambiance bois, l'aventure d'un colletif autogéré*, Éditions Repas, 2003.（『新しい芽。別の働き方があったのか？　アンビアンス木材社、自立的集団的経営の挑戦』）

代へと引きもどすといって非難するのは、もはや古くさい考えです。はっきりさせましょう。消費と生産をある程度後退させることは必要です。しかし、それはただ単に過去へと戻ることなのでしょうか、それとも戦略的撤退なのでしょうか？　進んでいるのは誰で、遅れているのは誰だというのでしょうか？　もしもある部隊が袋小路に入り込み、引き返さなければならないとき、後衛は突然前哨となります。つまり、無制限に成長する道をそのまま引き返すのではなく、もっと別の方向性を見出すということです。もしも時間が直線的に進んでゆく、つまり進歩は直線的に進むという観念から解放されれば、前とうしろ以外の他のすべての方向も存在しうるでしょう。いずれにせよ前に述べたように、持続可能なエコロジカル・フットプリントを再認識したことにより、他の部分はいまとまったく同じまま、石器時代ではなく一九六〇年代のレベルへとこの国を導くことができるでしょう。

しかし、問題はそこにあるのではなく、脱成長というプロジェクトの根底にある哲学の問題なのです。私たちは、悪い意味ではなくよい意味で、そのプロジェクトを啓蒙思想の系譜のなかにしっかりと位置づけています。それは、人類を解放し、自律的な社会を実現するプロジェクトなのです。もちろん、啓蒙思想の中心にある近代性という考え方については、綿密に批判的な検討をしなければなりません。啓蒙思想に基づくプロジェクトには、恐るべき両義性があるからです。啓蒙思想は、アンシャン・レジーム〔フランスの革命以前の政治体制を表す言葉で、旧体制という意味〕を守る権威と見なされていた超越性〔神の存在は人間を超越していて、人間の知性によっては理解できるものではないということ〕をはじめとする伝統や神の啓示から人類を解放することを目指していましたが、そのひとつの方法は、経済と技術によって自然を合理的に支配しようとするものだったのです。

一方ではその結果として、近代社会は、人類史上最も自律性のない社会となりました。金融市場の独裁的支配や、神の見えざる手〔語句解説参照。アダム・スミスが述べた概念で、自由経済が自動的にうまく調節されることを、こう表現しました〕や、技術科学〔テクノサイエンス。技術に同化され、自由ではなくなった科学を表す言葉。語句解説参照〕の法則などに従わされることになったのです。世界が人工的なものになることによって、人類のアイデンティティまでも危うくなろうとしています。

これまでの経済プロジェクトの自律的な発展の行き着くところは、技術科学へとまっしぐらに逃避することによって、人間自身のアイデンティティをも失わせてしまうというトランス・ヒューマニズム〔新しい科学技術の力によって、これまでにない能力をもった人間を作り出すことができるという超人間主義〕に陥ってしまうことです。私たちは、このようにすれば、私たちがもつ遺伝的制約という足かせから解放されると考えていました。しかし、人間であるという条件を拒否しないで、私たちを制限している生物学的限界を超えることなど望むことができるでしょうか？

近代的な経済技術的プロジェクトがよって立つ基盤にあるのは、人間の本性に関するこのような悲観的な見方なのです。それは、伝統的なアウグスティヌス学派の考え方に基づくもので、この学派は、人間が動物であるということを否定しながら理性の力も疑うのですが、そのため、人間の本性を、悲しいかな、激しい欲求や感情など、情動と呼ばれるものによって支配されているという意味で、罪深いものと見なしていました。要するに、これはまさしく技術による償い〔情動に支配される人間の能力を技術でカバーする〕とでもいえるもので、進歩というイデオロギーのなかで提案されたものです。しかし同時に、人間に与えられた生物学的条件を放棄することは、技術科学的な効率至上主義の独裁に支配権を譲り渡すことであり、技術に対する服従となります。現状では、科学と技術の研究について、民主主義的に議論することが拒絶されていて、そこに、力への意思★[40]が未だに、表れています。

脱成長という考え方の本当の意味は、政治における近代性の解放という昔からのプログラムをリフレッシュすることですが、実際には、その実現にはいろいろな難しさもあります。民主主義の問題点として、悪平等主義に陥ると前に進めなくなるという困難な問題（アポリア）が起こりますが、正真正銘の民主主義的な実験をすれば、そこから抜け出すことができるような人間へと、超越する実験を成り立たせることができるはずです。

ポイント

脱成長という考え方の意味は、政治における近代性の解放という昔からのプログラムをリフレッシュすることです

脱成長、つまり自律的社会を構築するという計画は、西洋文化に基本的な貢献をしている啓蒙主義的な人間の解放という夢、言い換えれば、近代性という夢を実現するものです。しかしそれは、人間が自然に組み込まれたものであることや、歴史に根ざしたものであるという、基本的な人間の条件からの解放をしなければならない、ということではありません。逆に、私たちが自然に組み込まれていること（自然性）と歴史に根ざしていること（歴史性）という二つの遺産を背負っていることを正しく認識することが重要です。私たちは、自然のなかから生まれ、自然を糧として生きており、つまり、まさしく自然のなかの一員なのです。自然のなかで、自然のお陰で生きている一方で、私たちには、自分が自然であるかのように考え、自分の人生を時間のなかで繰り広げられるアドベンチャーであるかのように想像するという特徴があります。さらに私たちには、私たち自身によってつくられた歴史によって、自分がつくられているという特徴もあります。ところが、経済学者たちが行っていることは、人間がもつ明白な物理的限界を否定したり、土地、水、気候などの自然的条件、あるいは、ミツバチをはじめとする生物群、より一般的には、生物多様性の代え難い役割を無視することなのです。ここで本当の悲劇は、私たちが皆、ずっと以前から、多少なりとも経済学者になっているということな

★（40）もともとニーチェの言葉で、実存的に生きる超人を特徴づけるものとして描かれていました。超越もニーチェの言葉です。右に書かれているようなかたちで、人間の問題を乗り超えてゆくことは一種の超越です。のちにも超越性がでてきます。

のです。マインドコントロールから抜け出すということは、私たちが「南の国」の「貧しい人々」に対してもっている偏見をも変えることです。

いまや考え方を変えて、いろいろな面から見ましょう。アフリカやパプアなどの回復力のある共同体は遅れているなどと考えるべきではなく、ある意味では進んでいると考えるべきときなのです。そして、方向も定まらずに漂いつづけている私たちの社会のなかに意味をとりもどすために、私たちは彼らに耳を傾ける必要があります。私たちは、この「貧民の強さ」、つまり、内部的な力のおかげで自律的な能力を発揮できる強さを取り入れる必要があります。☆(57) このようなアフリカのもつ強さに対する無知、無関心、無頓着、怠慢などは、疑いなく、成長というイデオロギーを守る手段として働いています。そのため、何十年か前から運命づけられているはずの社会的かつ生態学的な破局がやがて本当に訪れ、私たちも悲惨に生きることになるというリスクが、私たちには課せられていることになります。私たちのエコロジカル・フットプリントを忘れないためには、経済学的なフットプリント〔足跡。過去の経済活動、特に、植民地主義のことを指すように思えます〕を手放す必要があります。

ポイント

私たちは、もはや成長を聖なるものである「かのように」あがめることはできません

あらゆる種類の汚染は特定の人の思い込みでしかなく、気候の乱れは選挙の飾りものでしかない「かのように振る舞いながら」、私たちの消費と生産のモデルを無限に再生産することは、もうできません。私たちは、石油とウランの埋蔵量が無尽蔵にある「かのように」、飛行機、自動車、原子力発電所を作りつづけることはできません。私たちは、次第に複雑化する諸問題に対する、リスクを伴わない奇跡のような答えを、政治的経済的背景なしに、研究者が見つけ出すにちがいない「かのように」、盲目的に技術科学を信じることはできません。私たちはもはや、成長というものを、失業、雇用不安定、不平等が、その成長のおかげですっかりすべて消える「かのように」、成長が聖なるものである「かのように」あがめることはできません。★(41)「北」と「南」との間に隔たりができ、「北」が「南」に依存して、特に借金の返済を利用して豊かになってきたにもかかわらず、「南」の人間が、遅れて私たちのまねをしている「かのように」、私たち「北」の人間が豊かになりつづけることはできません。私たちは、市民の責任ある政治参加が、選挙で選ばれた人だけがやればよいことである「かのように」、政治的議論に飽きて厄介払いをしたり、民主主義的なしくみを整える緊急性を忘れたりすることは、もはやできないのです。

☆（57）RAHNEMA (Majid) & ROBERT (Jean), *La Puissance des pauvres*, Actes Sud, 2008.（『貧しいがゆえの強さ』）

★（41）このあたり、今の日本の経済政策とよく重なります。

終　章　同じ世界で別の生き方をする

ウッディ・アレン Woody Allen は、私たちが決定的な分岐点にたどり着いたと述べました。一つの道は私たちを人類という種の絶滅へと導き、他の道は私たちを絶望へと導くのです。彼はさらに、次のように付け加えました。

何が正しい選択であるのかを、みんなわかっているはずだと、私は願っています。

最初の道は、私たちがたどってきて、いま進んでいる道です。二つ目は、大きな飢饉や戦争や流行病を引き起こすという、マイナス成長への道です。ここで危険なのは、第二の道になった場合、全体主義が暴力的に支配を押しつけてきて、力づくで支配することによって、大多数の人々を犠牲にしながら、勝手に少数の特権階級の利益になるように、限られた資源を割り当ててしまう危険性があることです。資本主義と成長は一緒のものと誤解されているかもしれませんが、成長する社会が発展したのは、資本主義が誕生してからだいぶあとになってからなのです。成長が破綻しても、資本主義は生き残ってしまうでしょう。

つまり、資本主義経済は、自然資源が枯渇したり、気候が変動したりしても、まだ機能してゆくでしょう。それが、持続可能な発展を支持する人々と、実体のない資本主義の支持者が考える現実です。(少なくとも一部の)企業は、成長を続けることができ、取引高が利益と同じように上昇してゆくのを見つづけることができるでしょうが、一方で、飢饉、流行病、戦争によって九割の人々が皆殺しになってゆくのです。資源はつねに貴重なものになりつづけるばかりで、その価値に見合った額よりも、価格が上がってゆくでしょう。その場合、石油の希少性は、むしろ逆に、石油会社の健全な経営を害しません。漁業について同じ事情にならないのは、漁獲高が減少しても、他の食糧という代替品が存在するために、魚がいくら希少になっても、価格はそれに応じてどんどん上昇するわけにはいかないからです。要するに、価値が上がりつづける間に、消費はがくっと減るでしょう。私たちはすでに、そこここで、エコ・ファシズムまたはエコ・全体主義と呼ぶものによる秩序のしくみの表れを見てきました。これに対して、脱成長というのは第三の道で、自ら選択した節制という道です。そのためには、世界や、自然や、事物や生き物との新たな関係を創造し、それを人類規模で広く普及する必要があります。この見通しは、第二の道とは違って、悲しいものとはなりません。生産能力を自主的に制限したとしても、お祭りのような社会にすることができます。

私たちがいいたいのは、いまとは別のやり方ができる世界があり、そこではいまとは異なるやり方で現在を生きることができ、またそうしなければならないということです。いまの経済から抜け出す出口を開くことは大歓迎で、それは解放され自律的になった社会と文明への逃げ道なのです。ユートピア（理想郷）は、想像上の未来に対する見方ですが、その見方は、完全に幻というわけでも、すべてでっちあげという訳でもなく、むしろ、無制限に成長する社会という、非常識な現在の認識に対する否定から生まれた主張です。新たな理想は、それらを適用する客観的可能性を探しながら、すでに現実の問題に迫っています。別の世界も可能であるという仮説がなければ、政治にはなにもできることはなくなり、人とものに対する行政とテクノクラシーによる管理が残るのみです。

ポイント

脱成長というのは、第三の道で、自ら選択した節制という道です

脱成長が告げる大きな社会変動が急進的なものではないかと心配する人もいるでしょう。なぜなら、脱成長というのが私たちの習慣や行動の大きな変化を意味しているからです。それでも、脱成長が提示する改革的なやり方を実践することにより、私たちは、未来の世代との本当の連帯を実現するプロジェクトを構築し、より穏やかな人類の未来を目指すことができるのです。

訳者あとがき

佐藤　直樹

本書は、Latouche, S. & Harpagès, D., *Le Temps de la Décroissance*, Le Bord de l'eau, 2012, Troisième Culture（第三の文化シリーズ）の全訳です。最初は、二〇一〇年に Edition Thierry Magnier から出版されましたが、その後、前記の出版社から少し改訂したものが刊行されました。ここでいう「第三の文化」は、文学と理学に対する人文・社会科学分野を指すようです。

著者について

著者のうちセルジュ・ラトゥーシュは著名なフランスの経済学者で、ふつうの経済学の研究をしていましたが、本書にも引用されているようにレーゲンの「エントロピー経済学」に出会い、成長という経済学の基本的原則とも思えるものから逸脱する方向での理論形成へと進みました。フランスでは、経済成長ともエコロジーとも異なるこうした運動が盛んだと聞きます。ただ、フランス人の気質として、自分の生活を大切にして人生を楽しむということが、生きている最大の目的であるので、本書に書かれていることが、いかに日本人の目には奇異に映るとしても、きわめてフランス的で、フランス人の本音をよく表したものと考えることができます。一見非常に過激なことを述べているようにも見えますが、そういう意味では、フランス人にとっては、当然の主張を改めて述べたにすぎないという面も強いのです。

二〇一三年五月、ラトゥーシュ教授の二度目の来日に際し、その講演を聴き、また、じかにお話を伺う機会を得ました。脱成長を主張しているなどというと、日本ではきわめて異端的で急進的な、一言で言えば「危険な」人物であるかのように思われがちですが、その大柄の教授は、実に柔和で、語り口も穏やかでした。どちらかと言えば、日本側の学者の方が、いかにも反体制派らしい風貌だったのが印象的でした。フランスでは、こうしたおおらかに暮らすという考え方は、かなり一般的であることは間違いなく、ラトゥーシュ教授自身も特に身構えたところはなく、自然体でご自身の考えを述べておられました。そうした意味で、本書を読む読者の方々もあまり身構えないで読んでいただきたいと思います。よくよく読んでみると、日本ではすでに実践していることもけっこう含まれていることに気づくのです。大震災後の、いわば「非常時」における電力節減や人々の協力体制などは、本書で提案されている脱成長をまさに実践していたようにも思えるからです。ただ、日本人はすぐにそれに飽きてしまったようです。また、本書に出てくる産消提携なども日本のオリジナルです。

そもそも日本には、西洋とは異なる地域社会の結束を重視する伝統があり、都市化が進んだ今日でも、そうした気風は残っています。いつもケータイを手放せない若者のソーシャルネットワーク好きも、そんな気風とつながっているのかもしれません。日本社会はかなり社会主義的に機能していると私は思うのですが、そうした意味で、本書に描かれた社会主義的理想が、ある程度日本の社会でも実践されている部分があったとしても、不思議はないでしょう。

ラトゥーシュ教授の著作はきわめて多く、一部は英語にも翻訳されています。

翻訳の目的

本書を日本に紹介する理由は、物事の考え方の多様性を知ってほしいためというのが一番です。フランス語の翻訳は最近きわめて低調で、せっかくよい本があっても、日本語版が出るときには、英語版からの訳であったり、フランス語からの訳であっても、何が書いてあるのかわからないものであったりします。現在出版されているセルジュ・ラトゥーシュの著作の翻訳は二冊ありますが、どちらもきわめて専門的で、注釈がたくさんあり、確かにあまり読みやすいものではありません。第一、彼の説を手っ取り早く知りたいという目的には、あまりにも大部です。今回翻訳するものは、元来は青少年向けに書かれた「第三の文化シリーズ」の一冊で、文庫本よりも短いくらいの、いわばパンフレットのようなもので、弟子のアルパジェスの協力もあって、著者の主張のエッセンスが明確に述べられています。かといって、いい加減な内容ではなく、文献も多数引用されていて、学術的にもしっかりしています。さらに読者向けに、用語の解説もついています。このため私たちは、セルジュ・ラトゥーシュの本を日本に紹介するには、最も適切なものと考えました。実際、昨年拝聴した講演でも、本書に含まれていない内容はほとんどなかったので、ラトゥーシュの思想の全体像に触れるには、最適の本といってもよいと思います。とはいうものの、この本はきわめて格調高く、文章はかなり難解です。また、比喩的な表現が何を指しているのか、すぐにはわかりにくいところもあります。こうした困難はあるものの、今回、本書の翻訳を出版することには、大きな意味があると考えています。

本書は、一見、経済学の本のようですが、実際には、エコロジーが基本骨格を作っており、また時間をめぐって、人間の生き方に関わる哲学的な部分（特に2章5節）も多いのです。まえがきにも述べたように、実は最近、日本でも、競争社会から距離を置いて、自分の時間を大切にしながら生きる「ダウンシフト」という生き方をする人たちがいるそうです。こうした生き方は、本書の考え方に非常に近いように思います。ここでいうエコロジーは、生物学の一分野としての生態学というよりも、政治運動としてのエコロジーの色彩が強いのですが、それでも自然界のしくみに忠実に生きるという思想は、生物学的な人間についての考え方がもとになっています。こうした意味で、生物学の研究者（ただし狭い意味での専門は生態学ではありません）である訳者の一人が、この翻訳に取り組むことも、意味のないことではないと考えています。もう一点注意しておきたいのは、本書の第1章と第2章がかなり異なる点です。おそらく執筆者が異なるのかもしれません。文献もそれぞれ同じものが独立して引用されている場合がありますが、それについては、注釈をつけておきました。

いまの日本とラトゥーシュ

日本経済がデフレに陥って久しくなります。安倍新政権になって、インフレ目標なるものを設定して、なんとかデフレから脱却しようとしています。円安の影響で、輸入品を中心として、ものの価格はさっそく上がり始めました。しかし、給料はなかなか上がる気配をみせません。上がってもごくわずかです。こうした政府の政策がどのようになるのか、まったく予断をゆるしません。ひとつ間違えば、日本の財政破綻もすぐ目の前です。円安が進んで、一年間で三割くらい安くなりました。また株価も急上昇し、やはり一年間で二倍くらいになりました。その後、また少し下がっています。輸入品が高騰し、食糧やガソリンの値上がりが深刻です。一方、大企業を除けば給料はすぐには上がらず、為替の変動以外の部分では企業の経営は決して好転してはいません。こんな状態で、どうして人々はにこにこしていられるのでしょうか。本当は、生活は以前より厳しくなったはずではありませんか。楽観論の根拠は、株価が高いので、未来が明るいと思わせるからだと思います。しかし本書にもあるように、金融というのは、本質的には架空のお金の動きを作り出し、簡単に言えば、未来の生産・消費の活動を使って、いまの経済を動かしていることになります。システムが無限に発展しつづける場合には、それでも、空手形にならずに未来を食いつぶしつづけることができます。デフレを嫌う人々は、未来を食らうことができなくなるためだろうと思います。

しかし、無限に成長することなどありえないのです。そのときどうするのでしょう。これも本書にあるように、ほかの国を侵略するか、収奪することにならざるを得ません。過去の戦争もこうして起きたはずです。だからこそ、戦争をしないという憲法の意味は深いのです。南北対立は、このような先進国のエゴを支える重要なしくみとして機能しています。戦後日本の経済復興を成り立たせたのは、皮肉にも朝鮮戦争という悲劇でした。ベトナム戦争も大きな役割を果たしました。さらに、経済発展の裏には、貧困や悲惨にあえぐ人々があったはずですが、こうしたことはあまり顧みられません。

ほかの国を収奪することが不可能になったとき、大部分の人類の死滅による世界人口の縮小しかなくなります。それが、本書で述べられているシナリオの第一です。全体の規模が小さくなれば、もう一度、成長のしくみが機能し始めるでしょう。実際、地球上での生物進化は、このような大量絶滅の繰り返しでした。我々人類を含む哺乳類の繁栄は、それに先立つ恐竜の絶滅によって可能になったのです。もっとも恐竜は絶滅していなくて、現在も鳥類として生き延びています。日々私たちを悩ますカラスは、いわば恐竜と哺乳類の対立をいまに伝えているのです。

人間は結局のところ、目先の利益しか追うことができず、全体的な視野であるとか、長期的な利益を見据えることは難しいようです。仮にそうした視野があっても、「いまここで負けるわけにはいかない」ことの連続ですから、理性的な判断をするのは難しくなります。ラトゥーシュ教授に、では、実際にいま何ができるのかを聞いてみましたが、あまりはかばかしい答えはありませんでした。いまのままではいけないことはみんなわかっていながら、誰も、どうしようもない。こんな状況なのでしょう。それでも大震災後の日本では、地域の結束が自然に機能していたということは、ひとつの救いとなります。世界規模で経済が破綻したとき、世界じゅうで多くの人々が亡くなることになりますが、それでも小さな地域ごとにうまく助け合って生き延びるということは可能なのかもしれません。そのあたりになると、個人主義の国と、助け合いができる国とでは、結果が違ってくるのかもしれません。大きな竜巻がアメリカで大きな被害をもたらしたことがありましたが、そのときには、アメリカ人も助け合っているように見えました。アメリカ人も必ずしも個人主義一辺倒ではないのかもしれません。すると、日本人が特別ということでもないのかもしれません。

ただ素朴な疑問もあります。ラトゥーシュ教授は脱成長を実践しているのでしょうか。日本滞在中、全国を忙しく駆け巡り、何度も各地で講演を行う姿を見ると、なんだか私たちとあまり変わらないように思えます。講演では、パソコンでプレゼンをしていて、省エネでもありません。脱成長を唱えることと実践することとのギャップを感じさせられました。

生物としての人間

人間が生物学的な制約から免れることはできないということが、第2章第5節に述べられていますが、私は生物学の研究者なので、この点についてもう少し、私なりに述べてみたいと思います。

私は、経済活動は生物としての人間と密接に結びついていると考えています。人間が生きるためには、必然的に排出する廃棄物があります。これはなにもゴミ問題だけではありません。酸素を吸い食べ物を食べる一方で、それらの生化学反応によって、二酸化炭素と水と熱を放出しながら、人間は活動を続けることができます。iPS細胞なども大事ですが、人間にとってまずなによりも大切なのは、活動の駆動力を得ることです。食べ物を作り出すのは、太陽の光が与える自由エネルギー（つまりエントロピー差・不均一性）なのです。人間の思考活動といえども例外ではなく、もとをたどれば、太陽の光エネルギーを使ってものを考えているということができます。

二〇世紀末には、エントロピー経済学なるものが日本ではブームとなり、環境問題と経済活動をどのように適合させていくのかについて議論がなされたようです。しかし、私が唱えるエントロピー理論は、こうしたものとは無縁で、地球の物理的な過程や、生物活動、そして人間の活動、それらすべてを含めた、統一的な駆動力として不均一性を考え、不均一性の受け渡しによる階層的な生命世界の構築から、生命を理解しようとするものなのです。ここでは、ごくかいつまんで、その理論を説明しておきます。

不均一性から生命世界を考える

不均一性というのは、これまで、「エントロピー」という言葉によって引き起こされてきたさまざまな誤解を解消するために、私が導入した言葉です（佐藤二〇一一、Sato2012）。エントロピーを「無秩序」と見なしている人が多いのですが、必ずしも当てはまりません。また、「情報」とエントロピーを一緒に考えている人もいます。これにも、問題があります。たとえば砂場の砂を考えてみましょう。砂山を作ると、局所的に砂があつまった「不均一な」状態ができます。これはやがて解消し、再び平らな砂場に戻ってゆきます。つまり不均一な状態には、物事の変化を引き起こす駆動力があると考えられるのです。しかし身の回りを見渡しても、あからさまな不均一性は簡単には見当たりません。一方で、金持ちと貧乏人の不均一が自然に解消するとも思えません。実は、不均一性はもう少し抽象的な概念として定義されます。

現在の状況で考えられるだけの均一な状態（砂場が平らになった状態）を考えます。それが、エントロピー最大の状態です。エントロピーというのは、厳密に計算で求まる量で、いまの場合、情報エントロピー（平均情報量）を使って計算します。これに対して現実の状態は、なんらかの不均一を含んでいて、エントロピーは最大値よりも少し低くなっています。この差分をもって不均一性と定義します。こうすると、砂のような「もの」の配置であっても、温度差であっても、遺伝情報であっても、いろいろなものの状態のもつ不均一性を求めることができます。化学反応の場合には、普通のエントロピーではなく、自由エネルギー変化を絶対温度で割ってマイナスをつけたものを、不均一性の尺度とします。一見だいぶ違うように見えますが、本質的には、同じものを表しています。

従来のエントロピー議論の問題点は、「なまの」エントロピーと、情報や無秩序を同一視したことにあります。私の表現では、

不均一性＝情報＝秩序＝（最大エントロピー－現在のエントロピー）

となります。これは、かつて、『科学と情報』という本のなかでブリルワン（一九六二）が述べていたことと同じです。しかし世間では、情報という言葉を曖昧に使い、特に、エントロピーと同義語のように見なすことすらあります。そうではありません。「情報」は、可能なもののすべてを表す「エントロピーの最大値」から「現在のエントロピー」を引いたものに相当します。可能性をどれだけ制限するかというのが、情報の本質だからです。ともすると、シャノンのもともとの電気通信のモデルを持ち出してきて、生命の事象とは違うというようなことを述べる科学哲学者も多いのですが、シャノンのモデルもまた、情報を表すためのひとつのモデルにすぎません。また、「情報」という言葉を「情報の内容」と考えるか、「情報量」と考えるか、あるいは「情報そのもの」と考えるかでも、議論が違ってきます。モデルの奥に潜む本質を理

解する必要があります。

変化や動きの一般理論

世の中の現象はなんでも、ひとつの種類の不均一性が解消しながら、ほかの種類の不均一性が少しだけ生まれる、ということの繰り返しで成り立っています。これが、世界全体の変化・動きを表す一般的原理と考えられます。物理学や化学のいろいろな法則などは、結局は、この一般的原理の各局面における個別的表現にすぎません。最初の不均一性が駆動力となって、なんらかのプロセスを経て、あとの不均一性を少しだけ生み出すのです。そのさい、不均一性の種類はいろいろなものがでてきます。

生命世界も同じで、太陽の光エネルギーというかたちの不均一性を駆動力として動いています。これは、太陽の表面温度六〇〇〇Kと地表の温度三〇〇K（どちらも絶対温度で表示しています）との大きな差というかたちの不均一性に基づいて、太陽から地球に一方的にエネルギーが流入するさいの形式が、太陽光なのです。だから、光と温度差は同じ不均一性を表しています。この温度差を使って、酸化還元反応を行い、二酸化炭素と水から有機物と酸素を生み出すのが光合成です。有機物と酸素のペアは、それ自体で不均一性をもっていて、呼吸によりこの不均一性は解消するとともに、あらたに生体エネルギー通貨としてのATPやNADHなどを生み出します。これらが今度は、油脂などの高エネルギー物質を作り出したり（和田・佐藤二〇一三)、生物の体という立体的な物質配置という不均一性を生み出したり、遺伝情報というさらに別の種類の不均一性を増幅したりします。生物の活動は、さらに生態系という、生物の立体的配置というかたちの不均一性を生み出します。また人体では、脳活動により、言語や文化などという、まったく別のかたちの不均一性が生み出されます。こうしたことの大部分は、物理・化学現象と変わりませんが、生命の特徴は、遺伝情報がほかのプロセスに制約を加えることです。これにより、遺伝情報と生物装置とのサイクルができます。その結果、繰り返しよく似た生物が生じ、その繰り返しにより、生物体と遺伝情報とが、矛盾のないかたちで共進化します。進化も結局は、太陽の光で引き起こされているのです。

人間社会と不均一性

以上述べたような生命世界の像は、人間世界にも当てはまるはずです。あらゆる生命活動は、ひとつの不均一性の解消に伴い、別の不均一性が生ずることの繰り返しで成り立っています。それぞれの不均一性変換過程は、物質の循環などを伴うシステムによって媒介されています。そのことをさして、「めぐる」活動が、互いに共役し「めぐみ」あい、そのなかから、新たな不均一性(秩序)が「わきあがって」くる(創発する)と、定式化するとわかりやすいでしょう。このような不均一性を使った生命世界の理解については、拙著『エントロピーから読み解く生物学――めぐりめぐむ　わきあがる生命』(佐藤二〇一二a)で説明しています。また雑誌の記事としても生命論から考える社会の問題を説明しました（佐藤二〇一三）。

そこではさらに、人間社会における活動も、この延長にあることを述べました。経済活動も、循環と共役から生み出される「勢い」で成り立っているはずです。この勢いこそが、景気と呼ばれているものの正体でしょう。貧富の格差がどうにも解消しないことを先に述べましたが、それは経済活動を駆動する力がつねに働いているからと考えられます。そのため、経済は動的な構造として、つねに格差を維持しながら進んでゆくのです。こうした世界に暮らす人間の「いきがい」は、どこに求められるのでしょうか。それは、人と人との交流のなかから生まれてくるのではないか、ということも拙著（二〇一二a）のなかで提唱しました。人と人との交流も、めぐり、めぐむ、そしてわきあがるプロセスです。これは意外とラトゥーシュ教授の考えに近いかもしれません。

地球上のあらゆる活動はつながりあっています。そうしてみると、ある国の経済成長は、他の国の犠牲において成り立っているのかもしれません。また、借金を使った投資は、結局のところ、未来の資源を食い尽くしているにすぎないのかもしれません。地球が有限であることと、すべての生物や人間の生活が相互に結びついていること、そしてあらゆる活動の駆動力が不均一性であって、究極の不均一性は太陽や地球の内部の高温、つまりビックバンで膨張を始めた宇宙のエネルギーに由来することを考えると、お金だけが回る世の中というのが、一種のバーチャル世界のように見えてきます。不均一性の議論については、あとに挙げた参考文献を参照していただくとして、再び、ラトゥーシュ教授の話に戻ることにします。

簡単ではない「脱成長」

端的に言って、訳者である私たちが、ラトゥーシュ教授の考えに賛成であるのかといえば、必ずしもすべての点について賛成することは難しいと思います。少なくとも、経済の脱成長がいまの日本にふさわしいものとも、にわかには思えません。それでも、生き方に関する考え方として、ぜひ多くの日本人には知っておいてもらいたいと思うのです。経済が右肩上がりでなければ、本当に豊かな生活は成り立たないのでしょうか。では、江戸時代の暮らしはどうだったのでしょうか。

脱成長の議論を、昔の生活への後戻りと考えている人も多く、そういう人たちは、décroissance の訳語として、「脱成長」ではなく「縮退」という言葉を使っています。しかしまず言葉の問題として、「縮退」はおかしいと思います。この言葉を訳語として選んだ方は、物理学で複数の電子状態が同一のエネルギーをとることの意味で「縮退」が使われていることを知らないのかもしれません。この意味の言葉は、英語の degererate（縮退した）です。うかつに他の分野でこの言葉を使うのは不適切です。さらに、ラトゥーシュが、過去の生活に戻るなどということは、まったく言っていないことも考えなければなりません。退くなどという意味はまったくありません。むしろ、これまでの「成長」から外れて、成長はしないものの、豊かな生活をするのだという、前向き志向の提言ではありませんか。その意味で、「ダウンシフト」という最近の風潮が、これに似ています。おそらくＧＤＰは低くなるに違いありません。しかし、お金が空回りして数字を大きく見せているだけのＧＤＰには意味がないのかもしれません。人間や生物の本当の活動に結びついた「不均一性の流れ」の量で判断しなくてはならないのではないでしょうか。そうなると、成長を否定するのではなく、人間社会・経済を回転させる別の方式の提案ということになるのではないでしょうか。その意味で、「脱」成長という、未来志向の提言として、理解することが重要なのではないかと思います。それでも著者たちの言うようなやり方で、はたして社会が回ってゆくのかどうか、私にもわかりません。しかし、単なる思弁的な理論だけで議論していた時代と違い、経済もきちんと計算やシミュレーションができる時代です。どのような条件なら、ＧＤＰを縮小した経済の回し方ができるのか、ぜひデジタル世代の若い経済学者たちに、しっかりと考えてもらいたいと思っています。

時間に関する考察

本書のメインテーマは、実は経済の問題というよりも、人間と時間との関係の問題だということを、再度おさらいしておきます。本書の原題は『脱成長のとき』なのですが、そこで語られる「とき」の意味が非常に多義的だと思います。各節のタイトルにも、時間という言葉が数多く見られます。本書の主張では、本来、人間は、それぞれの生活のなかで、具体的な事象と結びついた「とき」を楽しんでいたはずだというのです。ところが近代化によって、機械式の時計が作られ、誰もがその単一のまっすぐ流れる時間に隷属するようになってしまったというのが、提示された問題です。

親しみやすい例を出します。ルイス・キャロル作の『不思議の国のアリス』のなかで、狂った三月ウサギが、時計を手に「時間がない」と言いつづけることは、このストーリーをよく知らない私でも聞いたことがあります。実際に、何をするための時間がないのか、誰も知らないようです。しかし、キャロルという人は、いまでいうギャグをふんだんに取り入れてこの小説を書いたそうです。「時間がない」のは作者自身なのかもしれませんが、すでに近代化された社会を揶揄《やゆ》していたに違いありません。ラトゥーシュの堅い話もよいのですが、こういうなじみやすい例も、脱成長という考え方には必要かもしれません。

児童文学と豊かな自然のなかの生命世界

いまの話題の延長として、ほんの少しだけコメントを付け加えておきます。なぜか私の身内には、児童文学の関係者が二人もいて、それぞれに独自の世界をもっています。ここで紹介するのは、聞きかじりの知識を私なりに咀嚼《そしゃく》してみた結果です。

環境問題への取り組みとして取り上げたいのは、ピーター・ラビットでおなじみのベアトリクス・ポター Helen Beatrix Potter が、イギリスのナショナルトラスト運動に協力したことと、

『赤毛のアン』で有名なモンゴメリLucy Maud Montgomeryと故郷プリンス・エドワード島Prince Edward Islandsのつながりです。ポターは、ロンドンの裕福な家庭で育ちましたが、湖水地方にもしばしば滞在しました。子供のときには、身の回りの小動物のスケッチをしていたようです。それがその後のピーター・ラビットなどの自筆の絵にも表れることになります。現在、湖水地方には彼女が寄贈した広大な土地が、自然のまま残されています。私が訪れたのはウィンダミアという湖水地方の中心の町で、大学のキャンパスで国際会議が開かれました。湖のまわりには自然のままの広大な緑の山野が広がっており、たいへん美しい里でした。ただ、観光地であるため、必ずしも人々がのんびり暮らしているというわけではありませんでした。

プリンス・エドワード島はカナダ東部の離島で、独立した州となっています。こちらはほぼ平らな原野がひろがり、畑作と漁業と観光で、比較的豊かな生活を送っているようです。それでも冬の寒さは相当なもののようです。モンゴメリは、そうした村で育ち、村のいろいろな自然の事物を愛したようです。モンゴメリの生家や、『赤毛のアン』のストーリーにあわせて作られた「アンの家」というのも観光名所です。モンゴメリは、結婚後、カナダ本土に移り住みましたが、ときおり故郷の島を訪れるのを楽しみにしていて、帰ると創作のインスピレーションがわいてきたのだそうです。

この二人の例は、必ずしも同じではないのですが、それでも自然とのつきあいが創作のもとになっている点は共通しています。しかも、都会ではまず味わえないような、いまとなっては贅沢な大自然が相手です。人間は本来、大自然に抱かれて暮らしていたはずです。それがいつしか、人工物に囲まれた不思議な環境で暮らすようになったのです。

現代の心の病と実存の回復

これで思い出すのは、私が以前に扱ったジャック・モノーの『偶然と必然』という本に書かれていた、実存のあり方の問題でした。モノーは分子生物学者ですが、科学的実存主義とでも呼べるものを主張していました。それによれば、昔の人類は自然とのつきあいのなかで暮らし、アニミズムをもって生活の指針としていましたが、それが近代の自然科学の誕生とともに、客観的な知識によって支配されるようになりました。心は昔のままで、新しい技術や科学的思考を使いこなさなければならないというギャップが、人類がもつ現代の心の病を生み出しているという問題提起でした（佐藤二〇一二b）。モノーは分子生物学者ですから、この問題を、「客観性の倫理」つまり科学の論理を全面的に受け入れる価値観によって解決することを提案し、世界じゅうから批判を浴びていました。しかし逆説的にも、コンピュータに支配された現代の社会こそ、モノーが目指した客観性が支配する世界でもあるのです。そして本書の著者は、それにノンを突きつけています。

人間は生き物です。生き物は一人では生きてゆけません。大自然とのつながりのなかで、ほかの人間との交流のなかから、自己のアイデンティティを見いだしてゆくのです。それは神谷美恵子の『生きがいについて』における結論とも不思議と一致するのです。そこでは、不治の病といわれたハンセン病に冒され、隔離された患者の心の葛藤と、アイデンティティの再発見の過程を通じて、人間の生きがいを探っていました。その切り札は結局、自然とのつきあいだったのです。

自然とつきあうことで、何が変わるのでしょうか。山に登るとすがすがしい気持ちになります。海で潮騒を聞き、潮の香を胸に吸い込むと、なにか大きな気分になります。自然とのつきあいのなかから、まだ解明されていないなにか特別な感情が生まれるように思います。それは実際にはなにか自然界にある物質なのかもしれません。また、きれいな空気なのかもしれません。しかし、自然に接することで、人間のなかに、もともと生き物だったという感覚が蘇るのだろうと思います。そこでは時間の流れ方がちがいます。機械的に規則正しく刻んでゆく時間ではなく、自然のリズムがあります。風のそよぐ速さ、動物の飛び跳ねるリズム、雲の流れる速度、太陽のまわり方などなど。こうした自然の感覚のなかで、ほかの人々とふれあうことが、心を豊かにし、新たな創造へと誘うのかもしれません。本書のなかで著者が指摘しているように、寿命の延びた分だけテレビを見たり、通勤に費やしたり、さらには、ゲームに明け暮れたり、こういうことをなくしてゆけるとよいでしょう。また、消費するために働き、働き口を作るために消費するという本書で議論されたことも、いままさにアベノミクスのなかで、明確な問題として浮上してきています。経済を活性化するポジティブ・サイクルが、このようなかたちでできるのでしょうか。なにかを変えることはできないのでしょうか。

ダウンシフトと脱成長

最近、テレビなどで、ダウンシフトあるいはダウンシフターという言葉が紹介されています（ＮＨＫウェブサイト参照）。ダウンシフト downshifting は、英米圏で一九九〇年代後半から使い始められた言葉で、生活のリズムをゆっくりにし、個人の時間を大切に過ごす人々を指しています。そのため、経済成長の抑制が明確に含まれているわけではありません。しかし、ダウンシフトの概念について簡単に述べておこうと思います。

Gordon（1996）はその著書で、アメリカの企業では「ダウンサイジング」によって、管理職による官僚的な経営が強化され、労働者が低賃金で長時間労働を強いられているという問題を提起し、経済成長にマイナスになっていると指摘しました。この事実認識の部分は、本書とも共通する点があります。Schor（2001）によれば、ダウンシフトは、こうした企業のやり方（企業による「ネズミレース」）に対する労働者の抵抗の一つの形で、一九九〇年代から表れてきました。これはシンプルライフとも呼ばれます（実は、本書の原注（3）（20）もフランスにおけるシンプルライフ運動について述べています）。これには、労働を減らし、収入を減らし、消費を減らし、生活のリズムをゆっくりにし、田舎に暮らすという五通りのものが区別できますが、それらは多くの場合重なっており、結果として家庭生活や個人生活を大切にすることで、生活の質を高めることができると考えられています。その意味では、本書の後半の生活改善の実践活動に通じるものがあります。Nelson ら（2007）は、仕事を減らすことにより活発な市民活動 civic life/engagement/participation をする人々と、リサイクル活動を通じて活発な市民活動に参加しながら消費を減らす人々を区別しています。後者をさらに進めて、すべてを物々交換にすれば、お金が動かないままで生活が成り立つことになり、本書で書かれた理想郷とも共通点がでてきます。

おそらくこれまでは、ダウンシフトはアメリカ、脱成長はフランスと棲み分けていたのでしょうが、私たちはこれらを結びつけて考えてゆくとよいのではないかと思います。脱成長の主張は、マクロな地球規模の経済を抑制するという面と、「より良く生きるために、より少なく働く」という個人生活の改善の面があり、後者はダウンシフトとほとんど同じことを言っています。脱成長をアメリカで主張するのは無理なのでしょうが、両者の行き着くところはほとんど同じではないかと思います。本書でも、英米圏での実践の例が数多く紹介されていました。決してフランスとアメリカで別の考え方があるというわけではないと思います。そうした観点から、本書ではあえて、脱成長とダウンシフトを読み替えて理解することを提案しました。それぞれの陣営の方々からはお叱りを受けることは必定ですが、私たちはもっと柔軟に考えようと思います。個人の生活を社会の方向性に合わせるのは日本人の得意とするところですから、脱成長という言葉を社会的な事象に、ダウンシフトという言葉を個人レベルの事象にと、それぞれ使い分けながら、全体をひとまとまりとみなすことが無理なくできるはずだと思います。今のところ、日本人は長時間労働が当たり前と思っています。しかし世界標準からみると、これは生産性が低いという意味でしかありません。日本人が、「より良く生きるために、働く量を減らす」ということを実現できるのはいつの日になるのでしょうか。

この翻訳について

今回の翻訳は、佐藤直樹が前半の訳出作業を行い、佐藤薫がチェックし、後半の訳出作業は薫が行い、それを直樹が修正するというかたちで進めました。また、原注に関しては直樹が、語句解説に関しては薫が主に担当しました。生物学・エコロジーや哲学の用語に関しては直樹が、経済学の用語については薫が、それぞれ特に注意を払いました。薫はまだ経済学を勉強している大学生ですが、早いうちからこのような仕事に従事することが本人のためにもなり、また本書を読む若者に受け入れられやすい言葉の選択にも役立つと思ったのです。

最近の若者は幼児化していて、いつまでも一人前の仕事をする巣立ちができないという批判も多いのですが、一方で高校生や大学生でも起業するという人たちも増えていると聞きます。かのビル・ゲイツがマイクロソフトを起こしたのも大学生のときです。大学生よりも若くても、戦前なら兵士として戦争に出かけたわけなので、一人前であってもおかしくはありません。大学生にどれだけの仕事ができるのか、懐疑的な目もあるかもしれませんが、ぜひこうした活動が世間一般にも普及していくことを望んで、今回は二人の共同作業で翻訳に臨みました。この文章のあとに、薫からも簡単なあとがきを書いてもらっています。

本書の翻訳については、さまざまな方にお世話になりました。東京大学大学院総合文化研究科の増田一夫教授には、出版形式について相談にのっていただきました。同研究科の荒巻健二教授には、経済学関連の語句についてご意見をいただきました。東京工業大学大学院社会理工学研究科の小笠原浩太博士には、貴重なご助言をいただきました。日仏会館の野澤丈二さんには、来日したラトゥーシュ教授と面会する貴重な機会をいただきました。さらに、未來社の西谷能英さん、長谷川大和さんには、企画段階から編集に関して、大変お世話になりました。そのほか、内容や翻訳出版そのものについて、さまざまな方々のご意見を賜りました。ここに記して厚く御礼申し上げます。

翻訳は常に誤解との闘いです。訳者たちの思い及ばない誤りも多々あるものと思います。是非不適切な表現や誤訳などについて、忌憚のないご意見を賜ることができれば幸いです。

訳者による参考文献

佐藤直樹（二〇一一）「光合成のエントロピー論再考：階層的生命世界を駆動するエントロピー差／不均一性」、『光合成研究』二一、七〇—八〇。
佐藤直樹（二〇一二a）『エントロピーから読み解く生物学——めぐりめぐむ　わきあがる生命』、裳華房。
佐藤直樹（二〇一二b）『四〇年後の「偶然と必然」　モノーが描いた生命・進化・人類の未来』、東京大学出版会。
Sato, N. (2012) Scientific élan vital: Entropy deficit or inhomogeneity as a unified concept of driving forces of life in hierarchical biosphere driven by photosynthesis. Entropy 14, 233-251; doi: 10.3390/e14020233
和田元、佐藤直樹（二〇一三）「脂質生産を微細藻類に託せるか？　――脂質を貯めるわけと仕組み」、『現代化学』五〇六号、二四―二八。
佐藤直樹（二〇一三）「めぐりめぐむ、わきあがる――生物学からの〝収奪〟への反論」、『ＭＯＫＵ』二一（七）、七〇―七九。

ダウンシフトに関する文献

Gordon, D. M. (1996) Fat and Mean: The Corporate Squeeze of Working Americans and the Myth of Managerial "Downsizing". Free Press, New York.『分断されるアメリカ――「ダウンサイジング」の神話』佐藤良一・芳賀健一訳、シュプリンガー・フェアラーク東京、一九九八年。
Nelson, M. R., Rademacher, M. A. and Paek, H.-J. (2007) Downshifting consumer = upshifting citizen? An examination of a local freecycle community. Annals Amer. Acad. Political Social Sci. 611: 141-156.
ＮＨＫウェブサイト「広がる〝ダウンシフター〟～働き方・生き方　多様性時代～」：http://www.nhk.or.jp/tokuho/program/140509.html
Schor, J. B. (2001) Voluntary downshifting in the 1990s. *In* "Power, Embployment, and Accumulation" edited by Stanford, J., Taylor, L. and Houston, E. M. E. Sharpe, Armonk, New York.

＊　＊　＊

佐藤　薫

父がたまたまこの本を買ったという偶然から、「Décroissance」、脱成長という意味のこの単語を初めてこの本で目にしたとき、高校生だった私には良くわからない概念でした。この本が扱う分野である経済学自体、言い方を変えると、もっているものをいかに効率よく使うかということだと思いますが、それに関しては、ゲームなどでいかに効率よく「作業」していくかという計算をするのが私は好きでした。また高校で教わる内容は、政治経済といっても歴史の側面が強く、私にはあまり興味のないものでしたが、景気循環の波という数学的な側面を見てからは、漠然と興味がわいてきました。

大学入学後は、経済学に関連する講義を受講するうちに、「皆が、自分の利益だけを最大化しようとして、結局皆が協力したときに得られる個人の利益よりも損をする」というゲーム理論の囚人のジレンマを知り、それを解決するためには、なにかしらの手段で皆が協力する状態を作る必要があることを学びました。しかし、皆が協力しているなかで、自分だけ裏切ることが一番大きな利益をもたらすのは明らかです。たとえば、節電しないと電気の供給量が足りない、供給量を需要量が超えてしまえば皆が損をするというようなときに、皆が全体の利益を尊重して、節電を行えればいいのですが、「どうせ誰かが節電するだろうから、俺は好きなように使う！」、という人がいたとすると、「彼奴は好きなように使っているのになんで俺だけ節電しなきゃいけないんだ」という不満を抱く人が出てくる事態になります。すると、皆が節電しなくなるので、最終的に電気が足りなくなり、発電所が止まると、誰もしばらく電気が使えない事態になってしまいます。この例に関しては、幸いにも日本では皆の協力が成功しています。

しかし、労働に関しては、この本でも取り上げているように、「より稼ぐためにより働く」という個人的レベルでは合理的に見える行動が、皆がそうすることにより、労働の過供給になることで時給が下がってしまい、労働時間を増やしたわりには収入がほとんど増えないという状況になってしまっています（つまり会社あるいは社会全体で見ると、同じ賃金でより多くの労働が手に入ります）。これは日本が現在陥っている事態で、それを日本人は不思議に感じることなく、受け入れているように感じます。これは、個人よりも社会を維持することを暗黙のうちに選択しているためだと思います。

では、この本が書かれたフランスではどうでしょうか。労働時間が週三五時間制となってからは、自分の都合で、ある週は多めに働いて、他の週は多めに休む、具体的にいうと、金土日と三連休にするパターンが多いそうです。町を歩いているとわかりますが、ほとんどの商店や公的事務が、お客の有無にかかわらず、約二時間の昼休みをとります。そして土日は休む店も少なくありません。夕方以降の営業などまずありませんし、閉めるから出て行けと追い出されてしまいます。これらの事実を日本人から見ると、フランス人は自分勝手で怠け者が多いと思うでしょう。しかし、逆に朝から晩まで機械のように働く人が、はたして人間的かどうかと考えると、フランス人の方がよほど人間らしく暮らしていると感じます。そして彼らは彼らの行動に誇りをもっています。つまり労働時間は少なくても、しっかり働くのです。日本人のバイトのように「あ〜、早く時間過ぎないかな〜」と時計を見るのではなく、時間（大抵17時か18

時）までしっかり働き、時間になったらすぐに家に帰り、家族との時間を大切にします。これは、フランス人を自分勝手・個人主義と馬鹿にする日本人が、実は夢見ている生活ではないでしょうか。そしてさらに突き詰めると、二四時間三六五日営業を当たり前と思っている日本人の方がよほど個人主義だと思います。たとえばこのあとがきを読んでいる読者が土日の夜中にお酒が足りないからとコンビニに走ることができるのは、代わりにあなたのために働いている人がいるからです。従業員や労働者も同じ人間なのですが、自分が便利であることを当たり前のように要求しています。そしてそれが跳ね返って自分の人間性をも奪っているのです。

戦後以降の日本は、ひとつの機械システムとしては大変良く機能しています。ただし人間らしさというような、日本人が間接的に求めているものはどこか遠くに置いてきてしまったようです。特に都心では、人々は機械の部品のように、つまりたいした感情ももたずに、日々を過ごしているように感じられます。都心から離れたり、海外に旅行したりすると、人間的な温かみを感じると思います。

しかし、いまの日本人、特に私と同世代の若い人々は、日本に閉じこもるだけではなく、家でインターネットをしながら、日々を無為に過ごしがちのように感じます。つねにネットがないと生きていけない、皆とつねに繋がろう、よりひとつになろうとするあまり、人間性を失い、生きるために無感動に働き、それ以外の時間は、皆がいるネットに閉じこもる、そんな状態です。確かに便利さを問うのであれば、四六時中連絡がつき、見たもの聞いたものをすぐに多数大勢と共有できるいまの状況は素晴らしいものでしょう。しかしいまや、レストランなどに来ているどう見てもカップルの二人が、お互い一心不乱にスマホをいじり、ネット越しに会話しているのです。二人にとってそれが幸せであるのであれば、それで良いという考えもありますが、見ていてなにか恐ろしいものを感じます。

多少話がそれましたが、以上をまとめると、この本を訳し、その上でフランス人の生活を見てみると、日本人は「脱成長」を実行する前提にすら立っていないと感じます。この本は、フランス人の生活がいまの日本人のそれと同じようになりかねないということを批判しているようにも見えます（現に、個人主義の極端な例として、日本の「引きこもり」を挙げているフランス人もいます）。そして彼らは、多大な利便性の代償に人間性を失うぐらいならば、多少不便でも人間であることを自然と選択しようとしています。しかし私たちは、便利な生活と引き換えに、自らを社会の歯車のひとつにしています。唯一の救いは、私たちも心の底では人間らしい生活を望んでいるということです。

この本の翻訳により、脱成長の考えが少しでも広まり、わずかでも日本人が人間らしさをとりもどせることを期待しています。

語句解説

〔この解説は、原書にある項目に加えて、日本の読者にはわかりにくいと思われる項目（*印で示す）を加えて、原著者による解説をさらに訳者が補っています。それぞれ、日本語とフランス語のほか、対応する英語を加えました。〕

エコロジカル・フットプリント empreinte écologique：ecological footprint（英）　p. 10

「ある国民全体 population のエコロジカル・フットプリントは、この国民全体によって消費される資源をまかない、くずや廃棄物を吸収するために必要な、地球上の土地と海の生産的な表面積を示しています。」（マチス・ワケナゲル Mathis Wackernagel）

たとえば、フランスの生産活動と消費活動で使用されている面積は、1999年の時点で、3億ヘクタールを少し超えていました。（出典：ジャン・ガドレーとフロランス・ジャニ＝カトリス Jean Gadrey & Florence Jany-Catrice,『豊かさの新しい指標』*Les nouveaux indicateurs de Richesse*, La Découverte, 2005）

〔第2章第3節で指摘されているワケナゲルとリースの本は、以下の通りです。Wackernagel, M. & Rees, W., *Our Ecological Footprint: Reducing Human Impact on the Earth*, New Society Pub., 1995. 邦訳：池田真理・和田喜彦訳『エコロジカル・フットプリント――地球環境持続のための実践プランニング・ツール』合同出版、2004。〕

回復力 résilience：resilience（英）　p. 79

科学の一分野としての生態学 écologie scientifique から借りた概念で、環境の変化に対して生態系が抵抗できる許容量を測る指標です。回復力は、生態系の相互作用ネットワークの質的な恒常性、あるいはより一般的には、攪乱を吸収し、生態系の機能と構造あるいは生態系のもつ個性的特徴とフィードバック効果を本質的に維持しながら、系の再構成を行うという意味での、系の許容量として定義され

ます。

外部性 externalité：externality（英）　p. 99

経済主体間の関係（もっとも頻繁に出てくるのは、生産者から消費者への関係）のうちには、価格体系によって媒介されなくても、主体の健全性に良い影響を与えたり悪い影響を与えたりするものがあります。これらは経済活動そのものに含まれないので、外部性と呼ばれます。外部性は、「市場の失敗」（market failures）と呼ばれるものの一部です。外部効果ともいいます。良い影響を与えるときには（たとえば、国家による教育は、将来の労働力人口に対するものなので、会社の役に立つ教養を労働者に与えることになります）外部経済と呼び、悪い影響を与えるとき（たとえば、工場による汚染物質の川への廃棄など）は、外部不経済という表現を使います。

外部不経済 déséconomies externes：external diseconomy（英）　p. 80

→外部性 externalités を参照。

過剰消費 hyperconsommation：hyperconsumption（英）　p. 16

過度の消費のことで、特に、宣伝による条件づけや、あらかじめ短く設定された製品寿命によって、妥当な限度を超えて増えてゆきます。

過成長 ex-croissance：overgrowth（英）　p. 16

持続可能なエコロジカル・フットプリントを超える成長のことを指しています。過成長は過剰消費とおおいに関連していて、つまり人々の「理性的な」需要の満足を可能にすることができる水準を、世界全体として超えた生産水準のことです。〔生物学では、元来この言葉は、体をはみ出して大きくなる「こぶ」を意味し

ています。本文では、がんについても同じ言葉をあてていますが、「こぶ」とも違うと考えて、異常増殖という訳語をあてました。

さらにこの言葉は、言葉のつくりとして、脱成長 décroissance の反対の言葉でもあります。〕

（神の）見えざる手 main invisible：invisible hand（英） p. 115

経済学者のアダム・スミス Adam Smith は、有名な「見えざる手」という概念を、二度にわたって提起しました。一回目の提案は、『道徳情操論』（1759）のなかです。物質的に余裕があり、ものに対する強い欲求があり、利己主義的でもある富裕な人々は、高級な消費財を買うことを望みます。その製品を作るのは、より貧しい賃金労働者です。このようにして、豊かさは一部の人々によって利己主義的に蓄積される一方、最も恵まれない人々は賃金労働を与えられ、彼らの利益の一部を支払ってもらうことができます。二度目の提案は、『国富論』（『諸国民の富の性質と原因の研究』、1776）のなかで述べられています。生産者（たとえば肉屋）が顧客に好意的に接するのは、個人的利益（金持ちになること）を追い求めているためでしかありません。しかしその結果として、競争市場において最も良い商品を提供します。これら二つの場合において匿名の仕組みが働いていて、個人の利益を皆の利益へと導きます。それを神の力と表現したわけです。その結果として、自由主義者による説明では、市場の自動調整作用によって、経済的進歩と社会的幸福を結びつけることが可能になっています。

環境的地方自治主義 écomunicipalisme：ecomunicipalism（英） p. 80

無政府主義思想家であるマレー・ブクチン Murray Bookchin によって提唱されたエコロジカルな社会を組織するプロジェクトです。その社会は、小さな村々の集まりから成り、それぞれが、その生態系のなかで完全にバランスがとれる経済を成り立たせている、より小さな共同体からできています。

関係財 biens relationnels：relational goods（英）　p. 89

〔このことばの定訳はありませんが、「関係財」または「人と人との関係から生み出される財」といわれています。〕商業的サービス、あるいはむしろ非商業的サービスが主なものですが、それらのうちで、個人と個人の間の関係という要素を強く含むものを指します。たとえば、ベビーシッターから、友情と愛情を通した死への付き添いまでです。マッサージやカウンセリングなども含みます。

キームガウエル Chiemgauer　p. 108

ドイツで成功している地域通貨には、28種類もありますが、そのひとつです。この言葉は、ドイツ・バイエルン州のキーム湖畔にあるキームガウ Chiemgau という地名に由来しています。〔標準ドイツ語では、ヒームガウと発音されますが、現地ではこのように発音されるようです。〕地域通貨は、日本にもスイスにも同じくあります。ベルギーの経済学者ベルナール・リテール Bernard Lietaer は、それらの地域通貨を使う人々に対して、次のように述べています。

> 地域通貨は危機を避けることまではできませんが、その期間と深刻さを抑えることは可能だろうと私は確信しています。地域通貨を使うと、企業は企業間でお金の貸し借りができ、雇用を維持することが可能になるでしょう。（*Politis* 誌、1031号、2008年12月）

技術科学（テクノサイエンス）technoscience：technoscience（英）　p. 115

ジャック・テスタル Jacques Testart によると、私たちは「科学を技術へと疎外する計画の完遂」に向かって進んでいます。そのため、科学的研究は、それ自体が目的になっています。研究者は、以前にも増して経済的権力（巨大財閥）、産業、政治的権力に依存しています。たとえば遺伝子組み換え植物は、多国籍大企業グループによって支援された科学的研究の成果です。オリビエ・レイ Olivier Rey はこう述べています。

科学は、もはや世界をよりよく理解するために存在するのではなく、世界に奉仕するために存在しています。

〔なお、技術科学という言葉は、もともとフランスの哲学者であるガストン・バシュラールによって作られた言葉で、その後、広められたものです。〕

経済至上主義 économisme：economism（英）　p. 86

マルクス主義の分析のひとつのかたちで、すべての出来事は人間の物質的生活のなかにその原因があるというものです。人々の考え方や価値あるいは感情までもが、経済学や技術進歩によって説明されてしまうのです。一般的に経済至上主義は、経済的な事象を、政治的変動と社会的変動による説明のなかに位置づけます。「経済学者の提案を絶対的な真実のように認めるというのは、科学的であるはずの経済学を、経済至上主義にしてしまうことになります。それは、宗教的な保守十全主義と同じぐらいに世界を荒らすことです」（アルベール・ジャカール Albert Jacquard）。

*限界費用 coût marginal：marginal cost（英）　p. 16

経済学の用語で、生産量をある単位量だけ増やすために必要とされる原材料や労働などの総額を表します。すでに設備に余力がある場合など、ゼロから生産する場合とは、かかる費用が異なるため、このような量を問題とします。理論的には、費用を生産量で微分したものの局所的な値に相当します。利潤の最大化ができているという定常状態では、限界収益と等しくなります。

国内総生産（GDP）：gross domestic product（英）：produit intérieur brut（仏）　p. 44

国内総生産という指標は、国民経済についての計算によって定義され、経済成長現象を表すために使われます。GDP は付加価値の合計と等しく、言い方を変

えると、生み出された経済的豊かさの合計です。すなわち、賃金労働のターゲットとなって、生産され販売される財とサービスの全体です。ここで出された豊かさの概念には、議論の余地があります。なぜなら、計測可能なものしか考えていないからです。一部の無償の行動（友人や親を訪ねること、パートナーの優しくて愛に満ちた行動など）は、この計算に入っていません。こうした個人的な行動は、じゅうぶんに配慮に満ちたもので、豊かさにも欠けていないはずなのにです！

私たちが成長について語る場合、GDPの増加を明確に述べなければなりません。成長が力強い、ちょうどよい、弱含みである、指数的であるなどというのは、GDPの変化率について説明しているのです。

国連食糧農業機構（FAO）Food and Agriculture Organization（英）：Organisation internationale pour l'agriculture et l'alimentation（仏） p. 15

国連の専門化された機構のひとつで、本部はローマにあります。

*雇用の不安定化 emploie prácarisé　p. 27

現在、多くの企業では、昔ながらの終身雇用をやめて、一時的な雇用を導入しています。この非正規雇用の問題は、雇用を不安定なものとし、個人が一生の人生設計を組み立てることを困難にしています。昔は、労働者は全員が労働組合員となり、労働組合と会社との交渉によって、雇用条件の改善が図られてきました。しかし、このことが、逆に、会社に対して大きな負担となり、競争力を失わせる要因となってきました。そのため、自由化の名の下に、正規の雇用関係とは別に、臨時雇用職員をいろいろな形で作り出し、正規職員よりも安い賃金で雇用することが公然と行われるようになりました。このとき、労働組合は、組合員（つまり正規職員）の雇用条件を守るため、労働組合に加入しない非正規職員が、不当な賃金で雇用されることを容認したのです。これは、資本主義草創期にマルクスが

描いていたような、企業の利益丸出しの雇用関係に近づいたことになります。これを労働のフレキシビリティーと呼ぶこともできますが、それは、雇用者にとってのフレキシビリティーではあっても、労働者にとっての自由度は逆に減少せざるを得ません。

最終消費 consommation finale：final consumption（英） p. 95

需要を満たす消費のことを指しています。市民が市場で買った1キロのトマトは最終消費となります。これに対する言葉は中間消費です。

*再生可能エネルギー énergie renouvelable：renewable energy（英） p. 70

よく使われる表現ですが、訳者はこれを根本的に誤った表現と考えています。エネルギーは使ってしまえば、再生できるはずがないのです。この言葉は定義からして間違っていますが、世間ではよく使われています。エネルギーと一般に呼んでいるものは、実は自由エネルギーです。自由エネルギーは仕事をすることのできるエネルギーです。高温物体がもつエネルギーは、低温物体がもつエネルギーに比べて、多くの仕事をすることができます。それは、高温から低温へと熱を移動する過程で仕事ができるからですが、その逆はできません。

世間では、バイオエタノールなど、一度使っても二酸化炭素になり、それが再度固定されて糖になると、もう一度エタノールが作れるということで、再生可能という言葉を使うようです。物質は循環しているので、再生することが可能だと考えるのでしょう。しかし、エネルギーは再生できません。一見再生できるように見えるのは、無尽蔵に降り注ぐ太陽のエネルギーを使っているからで、それならば、自然エネルギーなどの言葉を使うべきです。

人間が使えるエネルギーには、太陽のエネルギー、地球の内部に保存されたエネルギー、核エネルギーの3種類しかなく、どれも使えばなくなります。二番目のものは、地球ができたときに得られた熱エネルギーと、地殻中のカリウム40などの放射性元素の崩壊によって得られる地熱が原因となって、酸化・還元物質

が作られてたまっていることを表します。石油・石炭は、その成り立ちが異なるので、別に考えるべきです。核エネルギーは、宇宙ができたときのエネルギーの一部が、放射性元素の形で残っているものです。おそらく多くの人々は、こういうことをよく知らずに、曖昧な言葉を使っていると思われます。

本訳書では、自然エネルギーと訳すことにします。

自律的社会 société autonome：autonomous society（英） p. 117

自分で自分の法律を制定する社会を指します。コルネリウス・カストリアディス Cornélius Castoriadis は、はっきりと次のように述べました。自律的社会では、

> 市民が立法・行政・裁判の三権ばかりでなく、社会制度にまで、実質的に参加することができるという平等な可能性をもっています。

つまりそこでは、個人は自由で主権をもち、彼らの自律性は社会の自律性に活用され、本当の民主主義が実現します。逆に他律的社会は、外から法律を与えられ、その法律が組織を支配します。今日のグローバル化された世界において、政治は経済に服従しています。金融市場や、文字通りの厳しい自由競争や、がむしゃらな利益の追求のために、国民の国家から自律的運営の余裕がすべて奪われてしまっています。

スロー・シティ Slow City p. 78

平均的な大きさの町でできた世界的なネットワークのことで、スロー・フードのネットワークに続いて構成されたものです。おのずから人口の上限を 60000 人までに制限しています。その限度を超えてしまうと、「地方」とか「遅さ」を語れなくなってしまいます。

生産至上主義 productivisme：productivism（英） p. 24

社会的幸福の欲求を満たす観点から見たときの、生産力の際限ない増加を指し

ます。生産至上主義はつまり、常により多くの生産をする必要性を主張しています。この見方は、自由主義者にもマルクス主義者にも共通です。前者の人々にとって、際限なき成長は、市場と資本主義の仕組みがもつ力によって実現され、その機能の妨げとなるものは排除されます。後者の人々にとっては、それは、私的所有から解放され、労働者階級に仕える生産力の発展の論理によって実現されます。

総合平均速度（一般化速度）vitesse généralisée：generalised velocity（英）　p. 72

ある輸送手段の総合平均速度を求めるには、その輸送手段を利用するのに必要なすべての仕事量を考慮に入れます。総合平均速度は、その輸送手段によって実現された年間走行距離を分子として、その輸送手段の中で過ごした時間だけでなく、その外で過ごした時間、たとえば交通費を支払うために働いた時間も分母に加えて、割り算をする必要があります。ジャン＝ピエール・デュピュイ Jean-Pierre Dupuy の計算によれば、「平均的な」階層の人の場合、自転車の総合平均速度が、自動車のそれと同じか多少上回ることがわかりました。そして大富豪だけが、自動車でも本当に時間を稼ぐことができます。つまり、単位時間あたりの収入が多いので、自動車を購入するために働く時間が少なくてすむからです。一般の人々の場合には、仕事の合間の時間を移動時間に置き換えているだけなのです。（ジャン・ロベール Jean Robert,『我々から奪われた時間』*Le temps qu'on nous vole*, Le Seuil, 1980, p. 64, アラン・グラス Alain Gras,『火の選択』*Le choix du feu*, Fayard, 2007, p. 218 からの引用。）

*疎外 aliénation：alienation（英）　p. 48

日本語の日常的な意味とは異なり、哲学の概念としては、人間が自分自身でなくなった状態、自立性を失った状態について使います。物についても、本来の姿からはずれた状態にあることを指します。マルクス主義では、労働の疎外がテー

マとなりました。つまり、労働者は自分のためではなく、資本のために働くのです。

*（地球全体の）光合成 photosynthèse：photosynthesis　p. 94

原文：ce que la photosynthèse sur l'ensemble de la sphère terrestre produit en 100 000 ans

地球全体の光合成の10万年分とは、明らかにおかしな数字です。地球全体の一年間の光合成による純生産量は、炭素として約100ギガトンで、人類が一年間に消費する石油や石炭の量は、炭素として約7ギガトンです（佐藤直樹『エントロピーから読み解く生物学』110ページ参照）。つまり、光合成能力は非常に大きなものです。第2章第3節に書かれている数字は、おそらく、過去の地球上で石油や石炭が作られたときには、それを作るのに非常に時間がかかったということを表現していると思われます。つまり、人類が1年間に消費する石油や石炭は、それを生成した生物である藻類や植物が10万年かけて作った光合成産物に由来するということです。実際には、石炭や石油にならずに消滅した植物や藻類のほうがずっと多いので、こういう計算でもよいのだと思います。

別の見方をすると、大気中の二酸化炭素の平均滞留時間は7年、酸素のそれは5000年です。どう考えても10万年の間には、何回も循環してしまいます。いくつかのウェブサイトでは上の数字が一人歩きしていて、これは不適切な問題です。

中間消費 consommations intermédiaires：intermediate consumption（英）　p. 94

企業によって製品が作られるときに、消費される（組み込まれる）財や市場サービスの集合を指します。トマトエキスの製造業者によって買われた1トンのトマトは、その業者が直接消費してしまうわけではなく、トマトエキスという別の製品を作るのに使われるので、中間消費ということになります。

*共に楽しむ生活 convivialité（対応する英語はありません） p. 77

本書で示された社会主義的理想郷における人間的な生活のことを指しています。ただ単に一緒に暮らすというだけではなく、住民は共に住み、共に働き、共に語らい、共に食べ、共に楽しむという理想郷を、この言葉で表しています。もともとは、イヴァン・イリッチがその著書のなかで述べた考え方で、非人間的ないまの社会が崩壊したあとにくる新しい社会と考えられます。教育学の分野では、「共愉的社会」と訳されています。

トヨタ方式 toyotisme：toyotism（英） p. 26

トヨタ自動車のエンジニアであった大野耐一によって、1950年代に提案された生産の効率化の方法で、もともと、アメリカのスーパーマーケットの経営の仕方にヒントを得たものです。テーラー・フォードシステムの場合、労働者の働き方は生産の前工程の進み具合によって決まるのですが、トヨタ方式の場合、あとに続く工程で必要になるものの量を考えて、商品や部品をあらかじめ整えておくという形で生産するのです。トヨタ方式を採用すると在庫が減る一方、時間に几帳面に生産することや製品の質が主な関心事となりました。賃金労働者は、もはやただひとつの仕事に割り当てられるのではなく、複数の仕事をこなし、流れ作業の生産を中断させることもできるのです。しかしこのような労働の合理化の方法は、まえよりも窮屈なものになり、頻繁にストレスを引き起こしました。そのためトヨタ方式は、新テーラー方式と似たものとなりました。

トランス・ヒューマニズム（超人間主義）transhumanisme：transhumanism（英） p. 115

言葉通り、人間を超えて存在するもの。それを信じることによって、人間の上位種を作ることで人間を超えることが可能になり、さらにそれが望ましいこととなります（人造人間など)。たとえば遺伝子を改変した人間という概念は、超人間主義に属します。

*南北問題 pays du sud et pays du nord：north-south divide（英）　p. 33

本文中でしばしば出てくる「北」とか「南」とかといった表現は、先進工業国が比較的北半球に多く、発展途上国が南の方に多いということから名づけられたと考えられます。この言葉が使われはじめた時代、アメリカや西ヨーロッパなどの資本主義国からなる西側と、ソビエト連邦（現在のロシアを中心とした国）や東ヨーロッパなど共産主義国からなる東側の対立があり、それを東西の対立と表現していました。これに対して、貧富の対立を南北問題と表現したのです。本書の著者が、経済の問題に関してこれらの言葉を使うときには、現実の地理的なこととは無関係に、先進工業国の意味で「北の国」、発展途上国の意味で「南の国」と呼ぶようです。ラトゥーシュは、アフリカ経済の調査研究をきっかけとして、南北問題に注目する一方で、成長をやめて自然に親しむ生活を送ることを、人生の理想と見なす考えを抱いたものと思われます。

熱工業的 thermo-industriel：thermo-industrial（英）　p. 17

→熱工業的社会を参照

熱工業的社会 société thermo-industrielle：thermo-industrial society（英）

アラン・グラス Alain Gras は次のことを示しました。産業革命以来、人々は「火の選択」をし、水や風や土を生産のために使うことをやめました。人々は化石燃料（石炭、石油）を燃やすことを徹底的に推し進め、自然エネルギーを見捨てました。今日「進歩を止めることはできない」と主張しつづける技術進化主義が執拗にはびこり、議論の余地が十分にあるはずなのに、人々はこの考えに従って、原子力エネルギーの熱を利用しています。

バイオ地域 biorégion：bioregion（英）　p. 80

バイオ地域、あるいは、エコ地域は、地理的、社会的そして歴史的な事実に表

された、まとまりのある空間的実体として定義することができます。多少とも田舎的であったり、都会的であったりすることがあります。都会のバイオ地域は、自ら維持できるエコロジーという大きな可能性を備えた地域的に限定された組織 systèmes territoriaux locaux の複合により構成され、外部不経済とエネルギー消費の削減を目指しています。

〔誤解されやすいと思いますが、バイオテクノロジーで栄える地域という意味ではありません。〕

*不条理 absurdité：absurdity（英）　p. 54

不条理な absurde という言葉は、もともと、カミュが『異邦人』のなかで使った概念で、人間が世界のなかに存在する根拠がわからない、なぜ私たちが、この世界に存在し、こうして生きているのか、その理由がわからないということを表しています。昔のキリスト教社会であれば、人間の存在理由が神によって与えられていたわけですが、ニーチェによって「神は死んだ」と宣言されて以来、西洋世界での人間存在の根源的な問題となっていました。ここでラトゥーシュが使っている不条理は、こうした背景のなかで、この世界のなかにある物事の根拠が与えられていないことを指しています。

*豊穣の角 corne d'abondance：cornucopia（英）　p. 19

ギリシアの伝説によれば、これは、アマルテイアという羊の頭部についていた角を指しています。アマルテイアはもともと、ゼウス神の幼少期に乳を与えていたので、これを得たといわれています。ただし、ほかにもいろいろな伝説があるようです。豊かさの象徴としてのプルートス神が用いたと言われます。

*レコンキスタ（再征服）reconquête：reconquer（英）：reconquista（西）　p. 55

再征服という言葉は、占領されていた領土を再度とりもどすことを意味していますが、主に三つの歴史的事件に関係しています。ひとつは15世紀に、イスラム教徒によって支配されていたスペインを、キリスト教徒の手に取り戻したという「再征服」を意味しています。これを一般には、スペイン語で「レコンキスタ」と呼びます。もうひとつは、15世紀のフランスとイギリスとの百年戦争のさいに、シャルル7世がノルマンジー地方を奪還したことを示します。さらにもうひとつは、第二次世界大戦末期に、ノルマンジー上陸作戦にはじまる作戦によって、フランスを占領していたドイツ軍を連合軍が駆逐したことを指す場合もあります。これはむしろ解放 libération と呼ばれます。いずれにしても、どれもフランス人の誇りに関わる非常に強い政治的・宗教的意味をもちます。本書での用法は、自分をとりもどすという文脈で使われているので、征服というような軍事的なイメージの強い言葉を避け、レコンキスタと訳すことにしました。

レバレッジド・バイアウト（LBO）leveraged buy-out（英）　p. 61

M&A のひとつの手法で、ある企業の価値の大部分（たとえば70%）を銀行からの借入金でまかなうことによって、その企業を買収することを指します。少ない労力で大きな仕事ができるという、てこ（英語でレバーです）の原理のように見えるので、この言葉が使われます。この負債は、買収された企業によって実現される利益によって埋められます。負債による LBO は、企業単独での買収を可能にします。しかし、新たな所有者としては、できるだけ早く負債分を回収したいので、非常に大きな財政的利益性を急に要求することになります。そのため、リストラによる解雇の犠牲となった賃金労働者に対して損害をもたらします。それは賃金コストの圧縮のためで、生産活動を地方に移転することによって、賃金のコストを削減することなどは日常的に行われています。

労働のフレキシビリティー（柔軟性）flexibilité du travail：Labour flexibility（英）　p. 27

新古典主義の経済学者の考え方によれば、価格の柔軟性があれば、製品の需要と供給の間の均衡を実現することができます。それと同時に、労働市場においても、賃金の柔軟性が労働の需要と供給の間のバランスを促進すると見なされています。このようにして、失業が起きるときには、賃金の低下によって失業がある程度解消します。一般的に柔軟性は、経済全体の状況の変化への適応を可能にします。つまり、新古典主義の理論によると、労働もまた柔軟なのです。たとえば、賃金労働者は多様な仕事ができるようになり、会社の仕事の種類の変化による労働時間の変化を許容できるようになります。会社は自由に雇い、自由に解雇できるようになり、仕事の一部を外部に委託するようになります〔これはまさしく現在の日本の状況にも対応しています〕。

著者略歴

セルジュ・ラトゥーシュ（Serge Latouche）

1940年生まれ。フランスのオルセー大学経済学名誉教授。経済思想。「脱成長」思想の先導者として知られる。邦訳に『経済成長なき社会発展は可能か？』（中野佳裕訳、作品社、2010年）、「簡素に生きる〈脱成長〉の道」（マルク・アンベール、勝俣誠編著『脱成長の道』、コモンズ、2011年）、『〈脱成長〉は、世界を変えられるか？』（中野佳裕訳、作品社、2013年）。

ディディエ・アルパジェス（Didier Harpagès）

リセの経済学・社会学教授。生態学、政治経済学。指導教官ラトゥーシュのもとで、1970年に学位（DES）取得（リール大学、経済学）。「経済成長」や「持続可能な発展」に対する批判を展開している。著書に *Questions sur la croissance*（Sang de la Terre-Medial, 2012）。

訳者紹介

佐藤直樹（さとう・なおき）

1953年生まれ。東京大学大学院総合文化研究科教授。理学博士（東京大学）。光合成、植物機能ゲノム学、生命基礎論。著書に『生命科学』（共著、羊土社、2006年）、『光合成の科学』（共著、東京大学出版会、2007年）、『エントロピーから読み解く生物学』（裳華房、2012年）、『40年後の「偶然と必然」』（東京大学出版会、2012年）、翻訳にクリストフ・マラテール『生命起源論の科学哲学』（みすず書房、2013年）、アニック・ペロ／マクシーム・シュワルツ『パスツールと微生物』（共訳、丸善、2013年）。

佐藤薫（さとう・かおる）

1992年生まれ。東京工業大学工学部社会工学科在学。日仏の労働環境の違いを計量経済学的に研究中。翻訳にアニック・ペロ／マクシーム・シュワルツ『パスツールと微生物』（共訳、丸善、2013年）。

脱成長（ダウンシフト）のとき
——人間らしい時間をとりもどすために——

2014年6月24日　初版第1刷発行
定価（本体1800円＋税）

著者
セルジュ・ラトゥーシュ
ディディエ・アルパジェス

訳者
佐藤直樹
佐藤薫

発行者
西谷能英

発行所
株式会社 未來社
〒112-0002 東京都文京区小石川3-7-2
tel 03-3814-5521（代表）　Email: info@miraisha.co.jp
http://www.miraisha.co.jp/
振替　00170-3-87385

印刷・製本
萩原印刷

ISBN 978-4-624-01191-8 C0033